LES

CORRESPONDANTS DE PEIRESC

II

CÉSAR NOSTRADAMUS

LETTRES INÉDITES, ÉCRITES DE SALON, A PEIRESC

En 1628-29

PUBLIÉES ET ANNOTÉES

PAR

Philippe TAMIZEY DE LARROQUE

MARSEILLE

TYPOGRAPHIE ET LITHOGRAPHIE MARIUS OLIVE

RUE SAINTE, 39

1880

LES CORRESPONDANTS DE PEIRESC

II

CÉSAR NOSTRADAMUS

Extrait de la *Revue de Marseille et de Provence*

Tiré à cent exemplaires.

LES
CORRESPONDANTS DE PEIRESC

II
CÉSAR NOSTRADAMUS

LETTRES INÉDITES, ÉCRITES DE SALON, A PEIRESC

En 1628-29

PUBLIÉES ET ANNOTÉES

PAR

PHILIPPE TAMIZEY DE LARROQUE

MARSEILLE
TYPOGRAPHIE ET LITHOGRAPHIE MARIUS OLIVE
RUE SAINTE, 39

1880

AVERTISSEMENT

Lorsque j'ai inauguré, l'année dernière, en imprimant une lettre inédite écrite d'Agen à Peiresc en 1628, la série de publications que je compte consacrer peu à peu aux correspondants de l'admirable érudit provençal, je me suis trouvé en présence d'un personnage inconnu de tout le monde, le sieur Dubernard (1). Aujourd'hui, bien au contraire, l'homme dont je viens m'occuper a été assez célèbre pour que les biographes ne m'aient presque rien laissé à dire de lui, de sorte qu'après avoir éprouvé, devant Dubernard, l'embarras de la disette, j'éprouve, devant César de Nostredame, vulgairement appelé Nostradamus, l'embarras des richesses. Je me contenterai donc de rappeler le plus rapidement possible que César était fils du fameux médecin et astrologue Michel de Nostredame, le populaire auteur des *Centuries*; qu'il naquit à Salon (2) peu de mois avant l'époque où (mars 1555) son père donna la première édition dédiée au nouveau-né (Lyon, in-8°), de ce recueil de prophétiques quatrains qui devait avoir un si prodigieux retentissement; qu'il fut premier consul de Salon en 1598; qu'il

(1) *Les Correspondants de Peiresc : I. Dubernard ; Une lettre inédite écrite d'Agen à Peiresc en 1628.* — *Agen*, 1879, grand in-8° de 17 pages.

(2) Ce fut dans cette ville que mourut, le 2 juillet 1566, Michel de Nostredame. Les habitants de Salon ont donné le nom de Nostradamus à un des boulevards de leur petite cité.

se maria fort tard avec Claire de Grignan, fille de Jean de Grignan et de Jeanne de Craponne, nièce du grand ingénieur; qu'il laissa divers opuscules poétiques dont la rareté constitue presque tout le mérite, et une histoire de sa province natale (1) dont on a dit avec raison beaucoup de mal (2); mais où, comme l'a le premier remarqué Honoré Bouche (3), et comme l'a répété, deux ans après, l'historien de la ville d'Aix, Pitton (1666, in-f°), on trouve, à côté de fabuleuses pages, le récit fort animé et fort curieux des évènements dont l'auteur fut le témoin oculaire dans la seconde moitié du XVIe siécle; qu'enfin il mourut de la peste, en 1629, à Saint-Remi, ville où son pére était né plus de cent-vingt ans auparavant. Quoique tous les biographes à peu prés, jusques et y compris M. Ludovic Lalanne (4), s'accordent à placer la tombe de César là où fut le berceau de Michel, je doute un peu, je l'avouerai, de leur assertion; car, à la date du 23 avril 1629, l'ancien magistrat municipal de Salon résidait encore dans cette ville, comme le prouve une lettre écrite de sa propre main, à Peiresc, ce jour-là, que l'on verra un peu plus loin, et il n'est guére probable que, pen-

(1) *L'Histoire et Chroniques de Provence*, etc., *Lyon*, Sim. Rigaud, 1614, in-f°. Voir le titre complet, qui est fort développé, dans le *Manuel du Libraire*, t. IV, 1863, col. 109.

(2) Voir *Lettres inédites de Guillaume du Vair*, publiées en 1873 dans la *Revue de Marseille et de Provence* (p. 17 du tirage à part, note 3). Je me garderai bien de rapprocher de cette note un très sévère jugement emprunté par M. Weiss (*Biographie universelle*, t. XXXI, grand in-8°, p. 67) à l'*Histoire littéraire de la France* (t. XXI, in-4°, p. 329), parce que Fauriel, auteur dans ce grand recueil de la notice sur André le Chapelain, n'a pas voulu parler de l'*Histoire de Provence*, mais bien de l'*Histoire des poètes de Provence* de Jean de Nostredame, l'oncle de César.

(3) *La Chorographie ou description de Provence* (*Aix*, 1664, in-f°, *Advertissement*). On trouvera l'appréciation de Bouche, et aussi celle de Pitton, dans la *Bibliothèque historique de la France*, in-f°, t. III, p. 553, n° 38.109.

(4) *Dictionnaire historique de la France*, seconde édition, 1877.

dant le peu de temps qui dut s'écouler entre le 23 août et le jour où César rendit le dernier soupir, ce vieillard infirme, malade, se soit transporté *in extremis* à Saint-Remi (1). La lettre du 23 août 1629 paraissant bien être la dernière de toutes celles que Peiresc reçut de lui, il est permis de supposer que Nostradamus, qui écrivait souvent à son ami, mourut très peu de jours après. On compte de trop bons chercheurs en Provence, pour que l'un d'eux ne trouve pas, dans les vieux papiers des archives publiques ou particulières, l'indication précise de la date et du lieu du décès.

Ce sont, du reste, avec la date de la naissance, les seuls points à éclaircir dans la biographie du poëte-historien. A ceux qui seraient désireux d'avoir sur lui bon nombre de fidèles détails, je suis heureux de recommander une intéressante brochure intitulée : *Aperçus littéraires sur César Nostradamus et ses lettres inédites à Peiresc, par* L. MOUAN, *conservateur de la Bibliothèque d'Aix* (2). M. Mouan, dont la perte récente a été si vivement déplorée en toute la Provence, a le mieux du monde fait connaître les vers et la prose du fils de l'auteur des *Centuries*, et son excellent travail dispense le lecteur d'avoir recours aux notices antérieures, parmi lesquelles une des plus remarquables est celle de l'abbé Goujet (3).

(1) Seul, si je ne me trompe, M. Weiss affirm (Article déjà cité de la *Biographie universelle*) que Nostradamus mourut à Salon.

(2) Extrait du tome X des *Mémoires de l'Académie d'Aix*. — *Aix*, 1873, in-8° de 62 pages.

(3) *Bibliothèque françoise*, t. XV, 1743, p. 212-219. Je regretterai toujours de n'avoir pas eu le temps de copier à la Bibliothèque du Louvre, dans le recueil autographe de Guillaume Colletet, la vie à jamais perdue de César Nostradamus. Voir sur mon beau programme d'autrefois et sur les douloureuses circonstances qui en ont empêché la réalisation, les *Vies des poëtes bordelais et périgourdins*, t. IV de la *Collection méridionale*, 1873, in-8°, *Avertissement*, p. 2 et 3.

A la suite des *Aperçus littéraires sur César Nostradamus*, l'ancien conservateur de la Méjanes a reproduit (p. 47-62), d'après des copies conservées dans cette bibliothèque (1), quatre lettres du *Gentilhomme provençal*, comme il se qualifiait parfois, « à Monsieur de Peiresc, à Aix, » écrites de Salon le 3 juin 1628, le 28 juin de la même année, le 5 janvier 1629, enfin le *dernier jour du carnaval* de ladite année. C'est d'après les autographes de la Bibliothèque nationale (2), que je donne ici diverses lettres qui complètent les lettres mises en lumière par M. Mouan. La première des nouvelles lettres est datée du *jour des Cendres* de l'année 1628, et la dernière, nous venons de le dire, du 23 août 1629. Mon savant devancier déclarait (p. 2) que les épîtres de César Nostradamus renferment « des traits assez piquants ». S'ils ne manquent pas, en effet, dans la publication de 1873, ils abondent dans la publication actuelle : j'y relèverai surtout les passages où s'épanouit dans toute sa splendeur la vanité du correspondant de Peiresc, vanité qui paraîtrait intolérable si elle n'était rachetée par une naïveté, une bonhomie qui, après avoir fait sourire Peiresc, charmeront les spirituels lecteurs de notre temps. La singularité du style les amusera aussi quelque peu : çà et là, de plus, apparaîtront quelques particularités jusqu'à ce jour ignorées, par exemple, celles qui sont relatives au voyage de César Nostradamus à Rome, à divers

(1) *Correspondance de Peiresc*, t. VIII, p. 105 et suiv. Les originaux de ces quatre lettres ne sont point à la bibliothèque d'Inguimbert, à Carpentras, et on ne les signale dans aucun des catalogues des autres grandes bibliothèques où sont gardées diverses parties de l'immense Correspondance de Peiresc.

(2) Fonds français, vol. 9538, du f° 180 au f° 202. M. Alfred Franklin, mentionnant ces lettres à la fin de l'article sur Michel de Notredame de la *Nouvelle Biographie générale* (t. XXXVIII, col. 305), attribue au *père* l'œuvre du *fils*.

ouvrages manuscrits de son père et de lui-même, à divers rares et vieux livres qu'il savait apprécier en bibliophile et donner en ami. J'espère qu'à tous ces titres, les pages tracées par le fils du médecin de Charles IX ne seront pas les plus dédaignées parmi celles que me fourniront successivement les principaux correspondants du *procureur général de la littérature.*

En reproduisant les lettres que l'on va lire, j'ai suivi l'ordre chronologique, rejetant, après les documents datés, deux documents qui ne le sont pas, et gardant, pour l'appendice, deux autres lettres adressées par l'historien de la Provence à un de ses neveux, M. de Seve, lesquelles, dans le manuscrit, accompagnent les lettres destinées à Peiresc. En ce même appendice, on trouvera, comme bouquet, un sonnet à Rubens que je crois inédit (1), et qui, s'il n'est pas digne du grand peintre, me paraît un des moins mal tournés de tous ceux que composa l'auteur des *Pièces héroïques.*

(1) J'ai vainement demandé, il y a déjà plusieurs mois, dans l'*Intermédiaire des Chercheurs et Curieux*, si quelqu'un avait jamais eu connaissance du sonnet inspiré à Nostradamus par le « très excellent et divin Rubens ».

LETTRES INÉDITES DE CÉSAR NOSTRADAMUS

I

Monsieur,

Bien qu'il semble une espèce de mesfiance indiscrette, de recommander le droict d'une partie, à un seigneur Prélat (1), Sénateur (2) et gentilhomme (3), et qu'outre vostre irréprochable intégrité, la moindre de ces trois qualités suffise abondamment pour en dissipper les nuages de toute douteuse apprehension : Si est-ce que les persones qui le font par honneur avec respect et circonspection, tant s'en faut qu'il y ayt de l'offence et de l'indiscretion ; que ne le faire pas c'est rompre les loix des devoirs et complimens honnorables : et tesmoigner tout ensemble ignorance et rusticité. Je n'encourray donq point de blasme, si ces raisons fortifiées de vostre particulière et gracieuse bienveillance, m'enhardissent de vous recommander le droict du *sieur de Seva, mon neveu* (4) : auquel la force du sang n'a permis que j'aye reffusé ces lignes

(1) Peiresc est ici considéré comme abbé de Guitres (diocèse de Bordeaux).

(2) C'est-à-dire conseiller au parlement d'Aix.

(3) On sait que Claude Nicolas de Fabri appartenait à une très noble et très ancienne famille qui d'Italie vint s'établir en France sous le règne de saint Louis. Un généalogiste aussi savant que consciencieux, M. Jules de Bourrousse de Laffore, prépare, d'après les papiers de la maison de Fabri, une notice complète sur les aïeux de Peiresc, et j'espère qu'il me sera donné d'en enrichir l'appendice d'un des premiers volumes de la correspondance de mon héros.

(4) Une des trois sœurs de César, comme nous l'apprend P. J. de Haitze (*Vie de Michel Nostradamus*, citée par M. Mouan en la note 2 de la page 56 des *Aperçus littéraires*), entra dans la famille des de Sève de Provence, et a conservé dans sa postérité le sang de l'auteur des *Centuries*.

à cet effait : Mais assés plus pour vous raffrechir cette naturelle affection, que vous m'auès si franchememeut ouverte en tout rencontre, et toute occasion. Ce qui veut que je vous honore, vous cherisse et vous respecte, par tous services sortables à mon pouvoir, sinon dignes de vostre merite et de vostre noble et cordiale affection, au moins de la gloire que je fay, d'estre aymé et prisé de vous qui estes tout plein de louange méritée, et de me dire ingenuement jusques au tumbeau,

Monsieur,

Vostre tres humble tres obeissant et tres obligé serviteur,

NOSTRADAME.

P.-S. — J'espère, Monsieur, que si le mal de mes yeux se modere un peu, *accompagner le crayon de mon pere* (1) *du*

(1) César Nostradamus était un peintre de talent. M.V. Boy, réimprimant un rarissime opuscule de notre auteur, d'abord publié à Aix en 1603 (*L'entrée de la Reyne en sa ville de Sallon; Marseille*, 1855, in-8°) a eu la bonne pensée de joindre à l'opuscule deux lettres inédites où César fournit à Pierre d'Hozier diverses indications sur ses maitres de dessin (Quesnel, Fréminet, du Monstier) et sur ses œuvres d'art d'une « non vulgaire excellence ». D'après les deux premières des lettres publiées par M. Mouan, César avait fait les portraits d'Adam de Craponne, le créateur du canal qui le place à jamais au nombre des plus illustres bienfaiteurs de la Provence, et de Raymond de Soliers, l'auteur de l'histoire manuscrite de la même province, dont Fabrot a tiré les *Antiquités de la ville de Marseille* (1615). Voir dans les *Aperçus* de M. Mouan (p. 19-20) ce qui concerne les portraits de Henri IV et de Marie de Médicis offerts par Nostradamus à la nouvelle reine de France, quand elle traversa ce « gentil et petit Sallon », et aussi (p. 38-40) ce qui concerne le portrait de Michel. Ce dernier portrait est un des ornements de la bibliothèque d'Aix. La piété filiale de César reproduisit deux fois l'image de l'auteur des *Centuries*, car on lit dans l'article de la *Biographie universelle* : « On lui doit le portrait de son père Michel Nostradamus, conservé au musée d'Avignon, hauteur, 0,38, largeur, 0,29, sur cuivre, acquis en 1842 de M. Jacquemin d'Arles. C'est dit-on, ce portrait, que la veuve de Nostradamus fit apposer contre le mur du tombeau de son mari. M. Eugène Bareste, dans sa *Vie de Nostradamus*, a transformé le portrait en un buste. »

mien fait de ma propre main (1), quoy que peu digne de vous et de vostre cabinet (2).

A Sallon, ce jour des Cendres MDCXXIIX [1628], de mon âge le LXXVe (3).

II

MONSIEUR,

J'ay honte de mon indiscretion, et d'avoir eu si peu de connoissance (4) de vostre infinie courtoisie. Mais vous excuserés un esgarement de papiers, qu'on auoit fait pendant que je m'employois à la chiquane (5). C'est pourquoy vous userès d'autant de pardon que de courtoisie; et me croirés plus disposé à vous obeyr, qu'à l'advanture vous ne serés à me commander. Je vous diray seulement j'eusse mieux aymé traduire un quantum (6) de Tite Live, ou d'une Æneide de Virgile, que ce vieil et confus latin de Testament (7), qui ne m'a laissé sans quelque doubte. Je desirè de scavoir de vous, si Tyburge, femme de Gilbert premier, estoit cette fille de Ramyre premier, roy d'Aragon, que quelques historiens assu-

(1) On remarque le portrait de César Nostradamus, *fait de sa propre main*, dans une des salles de la Méjanes, à côté de celui de son père. Voir sur ces deux portraits l'ouvrage du prédécesseur de M. Mouan, feu M. Rouard: *François 1er chez Mme de Boissy. Notice d'un recueil de crayons ou de portraits aux crayon de couleur, etc.* (*Paris*, 1863, grand-in 8°, p. 77).

(2) Sur ce riche cabinet je ne citerai que la *Lettre de M. de Peiresc écrite d'Aix à son frère, alors à Paris, dans laquelle il lui donne des détails sur une visite que lui avoit fait le cardinal Barberin, neveu du pape Urbain VIII, légat en France, le* 27 *octobre* 1625 *publiée par le président* DE SAINT VINCENS (*Aix*, Pontier, 1816, in-8°).

(3) Au bas de la seconde des lettres publiées par M. Mouan (p. 53), Nostradamus a aussi pris la précaution de rappeler son âge : « A Salon, ce 28 Juin 1628, de mon âge le 75e. »

(4) Pour *reconnaissance*.

(5) César Nostradamus aurait-il donc exercé la profession d'avocat? Aucun de ses biographes n'en a parlé. On savait seulement qu'il avait étudié le droit à l'Université d'Avignon.

(6) C'est-à-dire un morceau, quelque grand qu'il fût.

(7) D'après une note inscrite au dos de la lettre, il s'agissait du testament du comte de Saint-Gilles.

rent avoir esté femme de Guilhaume Bertrand, comte de Provence (1). Car vous seul, *eris mihi magnus Apollo* (2), autant que je seray eternellement.

Monsieur,

Vostre très-humble et très-obéissant serviteur.

NOSTRADAME.

P. S. — Dans quelques jours je vous fairay voir comme jay bien et decemment rangé *sine fuco* (3) les mémoires de nostre maison.

A Sallon, ce xiiij Décembre MDC [XXIX] (4).

III

MONSIEUR,

Despuis la vostre en datte du second du mois de janvier passé, je n'ay receu aucune nouvelle de vous, ny de vive voix ny par escrit, fors celle que monsieur de Vallavez m'a rendu de vostre part accompaignée d'un nectar, qui esgalle celuy des Dieux (5), dont je ne vous fais point de remerciment,

(1) On lit dans l'*Art de vérifier les dates* (édition de 1818, in-8°, t. VI, p. 518 : « Ramire Ier, quatrième fils de Sancho III, dit le Grand, roi de de Navarre, a pour son partage l'Aragon, avec le titre de roi. L'an 1036, il épouse Gisberge, fille de Bernard Roger, comte en partie de Carcassonne et de Foix, puis comte de Bigorre, etc. ».

(2) VIRGILE, *Bucoliques*, Eglogue I, *vers* 104.

(3) Sans aucune espèce de fard, de déguisement.

(4) La lettre porte la date de 1610 (MDCX), mais il faut voir là un *lapsus calami*, un chiffre laissé inachevé par inadvertance, tout démontrant que la lettre est du 14 décembre 1628; la place qu'elle occupe dans le manuscrit, comme le travail de classement annoncé dans le *post-scriptum*, travail dont il sera plusieurs fois question, soit dans la lettre suivante, soit dans des lettres postérieures.

(5) Le dernier jour de carnaval 1629, Nostradamus reparlait encore avec ivresse du délicieux vin que Peiresc lui avait envoyé (*Aperçus littéraires*, p. 59) : « Au reste, il semble que vous me veuilliés rendre intempérant sur mes vieux ans, avec votre nectar d'une part et vos enuques de haute graisse de l'autre... » On a, sans nul doute, reconnu dans ces *enuques* les chapons engraissés chez Peiresc *ad usum amicorum*.

arce que je ne fairoy que begayer, sans pouvoir exprimer, ombien je me sens esloigné par aucune sorte de reconois-ance condigne à l'honneur que vostre bienveillance me fait ournellement. Ce n'a pas esté sans m'estonner quelque peu e ce sylence d'un mois, ne pouvant m'imaginer à quoy pou-oit tenir que le poëme que je vous ay dedié (1) ne fut hors e la presse, n'ayant peu me persuader, sans faire tort à ostre amitié que le manquement vint plustost de vostre part ue de la faute de l'imprimeur, ne saichant comme il s'en era correctement acquitté suyuant mon principal exem-laire. Attendant donq ce qui en est par vostre première ommodité. *Je range un peu les pancartes* (2) *que je vous ay pro-is*, pour les desvelopper et vous donner moins de peine t d'ennuy de les visiter et reconoitre, si ce sera rien qui aille : et qui soyt autant digne de vous que je le désire pour ostre contentement et l'acquitement de mon devoir : Comme e mesme j'escriray à mon neveu de Seva de m'envoyer le ome des epistres latines, pour vous estre le tout consacré de a part de celuy qui ne peut que vous désirer en parfaite anté toutes sortes de hautes dignités et d'une longue et eureuse vie. C'est,

Monsieur,

Vostre très-humble, très obéissant et très obligé serviteur,

NOSTRADAME.

A Sallon, ce 4 février MDCXXIX.

(1) Ce poëme était « l'hymne sur la prise ou plustost reddition de la ochelle au grand et juste Louis », dont il est question dans la troisième es lettres publiées par M. Mouan (p. 54), lettre où Nostradamus se éjouit (5 janvier 1629) de voir Peiresc accepter la dédicace du poëme.

(2) Ces *pancartes rangées* par Nostradamus sont bien les mêmes que s *mémoires rangés* qu'annonçait la lettre du 14 décembre 1628, et ar conséquent la date de celle-ci confirme parfaitement la date que j'ai u devoir attribuer à celle-là.

IV

De dilecto nunquam satis (1).

Monsieur,

Rien ne me peut arriver de plus agréable sur mes vieux ans, ny de plus exquise consolation que vos lettres, et trois, quatre et six fois la lecture en retirée ; tant le style en est doux, gracieux, net et coulant, exent de toute sorte de fard, et de longueur importune ; si qu'outre qu'on y voit naifvement representée la bonté de vostre nature, la candeur de vostre belle âme, et la bonté de vostre divin esprit, il me semble de voir le ruysseau cristalin d'une claire et lympide source, qui courant gracieusement dans son canal par le doux ventellet qu'esment son bruit fait tremblotter les fleurs peintes de divers esmaux, dont ses deux bords sont embellis et parés comme si en leur facon elles vouloynt seconder le doux murmure de ces eaux tant agréable à l'ouye (2). Outre

(1) Est-ce une allusion à la longueur de la lettre que l'on va lire, et faut-il voir dans ces quatre mots une excuse ingénieuse adressée à quelqu'un que l'on craint de fatiguer par un trop grand bavardage ? Ce serait plutôt là, ce me semble, une précaution oratoire toute particulière qu'une devise habituellement employée par Nostradamus, car cet écrivain arbore, dans ses ouvrages poétiques, cette autre devise : *Claros clara decent*, que je signale à M. Gustave Mouravit, l'aimable et savant auteur de l'étude littéraire et bibliographique intitulée : *Poètes et Bibliophiles. Les devises des vieux poètes* (*Paris*, Morgand et Fatout, 1879, in-4°).

(2) Peiresc, si grand ami de la simplicité, dut trouver cette phrase beaucoup trop fleurie, lui qui avait déjà blâmé le style parfois si prétentieux de l'*Histoire et Chroniques de Provence*, comme nous l'apprend en ces termes Pierre Gassendi (*Viri illustris Nicolai Claudii Fabricii de Peiresc, senatoris Aquisextiensis, Vita.*, etc, *La Haye* 1651, p. 214) : « *Non prorsus quidem probavit stylum magna parte poeticum* ». Voir (même page) d'autres reproches, mais aussi quelques éloges adressés à l'historien de la Provence par Peiresc. On aura sans doute remarqué dans la phrase si originale de Nostradamus les diminutifs *ventellet* et *tremblotter*. Nous avons gardé le dernier, mais combien l'autre, si doux et si gracieux, mérite nos regrets !

la parfaite bienueillance en mon endroit si vivement exprimée, jouinte indissolublement à un soing tres puissant et particulier de mon honneur et de mon bien : Et ce qui va bien plus avant et monte assès plus haut, de la memoire de mon nom, et de ce peu qui est en moy sinon louable, à tout le moins non contemptible (1) ny blasmable. Puis *donq que vous aves daigné de receuoir le peu des travaux de mon esprit, que vous mettés à un trop haut prix, je rechercheray tous les coins de ma maison, et de mes pancartes, pour voir si j'y trouveray rien digne d'un si precieux depos*, ne craignant point de dire ingenuement que mon intention, avec la faueur et la grace du souverain donneur de graces estoit de la filer et continuer le plus avant que j'eusse peu. Sans en prétendre (Dieu le scait) aucune récompance nouvelle ; hormis *la gloire d'avoir illustré ma patrie, n'avoir point obscurci le nom qu'il a pleu faire prendre à ceux dont je suis descendu, et donné quelque peu de clarté au lieu de ma nativité, et de cette noble Province.* Mais, l'injuste ingratitude et le tort que le corps que iay le plus rehaussé (2) me faisoyt et me fait jusques icy, quoy qu'il luy

(1) Ce mot que Vaugelas trouvait dur et Thomas Corneille insupportable, comme le rappelle M. Littré, a été, comme le rappelle encore l'éminent philologue, fort employé au XVIe siècle, notamment par la Noue, par Du Bellay, par Montaigne, et aussi au XVIIe siècle, où Malherbe s'en est servi plusieurs fois (Voir le *Lexique de la langue de Malherbe*, par M. Ad. Regnier fils, 1869), et où le grand Corneille l'a introduit dans son éloquente traduction de l'*Imitation* (voir le *Lexique de la langue de P. Corneille*, par M. Ch. Marty-Laveaux, 1868).

(2) Le corps de la noblesse. Le 28 juin 1628, Nostradamus dans le *post scriptum* de sa lettre à Peiresc (p. 59 des *Aperçus littéraires*), protestait ainsi contre la conduite de la noblesse à son égard : « Je fais un poème de l'ingratitude où il est fort dangereux que je donne un quolibet à messieurs de la noblesse pour le tort qu'ils me font de ne me vouloir payer les deux cens écus que légitimement ils me doivent depuis l'impression de mon histoire. *Ingratis servire nefas* ». Voir (*Ibid.*) une autre tirade encore plus vive dans la lettre du 5 janvier 1629 (p. 56, 57). Indiquons aussi sur les gratifications promises, dès 1603, à Nostradamus, par l'assemblée des Etats de Provence, et qui ne lui avaient pas encore été entièrement remises, vingt-sept ans plus tard, les renseignements réunis par M. Mouan (p. 5 et 6).

en revienne plus de honte, qu'à moy de dommage, qui toute ma vie ay mesprisé le bien pour acquerir quelque vertu. Cette injustice, cette ingratitude, ce tort indigne d'un corps tant illustré, m'a tellement desdaigné que j'ay cessé de passer outre pour en recevoir, un si mauvais loyer, ung tant ingrat payement, et une si disproportionnée reconoissance, si non plustost mesconoissance. Je cesse cette querimonie (1), pour satisfaire aux poincts principaux, de vostre tant agréable à mes yeux et à mon esprit, vostre tres élégante *lettre* : qui est en premier lieu, que je vous satisfairay plus à plein au premier jour sur la lettre de monseigneur (2) dont j'avoy infailliblement preveu, saichant l'excèz de vostre modestie, le renvoy. Si que je suyuray en tout et par tout vostre absolu commandement et vostre sage conseil. Secondement pour ce qui est *du brevet* de gentilhomme ordinaire de la chambre du Roy (3), il vous plaise croire qu'aucune illicite ambition ny désir de bien, me fait consentir à cette qualité, mais l'honneur que ma ville, ma patrie, mes amys, et ceux que le chagrin de l'Euuie ne deuore point, en pourront à l'áduanture receuoir. Cela desire-je bien que le brevet en soyt fondé, sur

(1) Plainte, du latin *Querimonia.* M. Littré trouve pour la première fois ce mot dans l'*Institution Chrétienne* de Calvin et pour la dernière fois dans les *Mémoires* du duc de Saint-Simon. Entre ces deux écrivains, il ne cite, pour l'emploi de *Querimonie,* que Scarron dans *Jodelet* (1646).

(2) C'est-à-dire le duc de Guise (Charles de Lorraine), gouverneur de Provence, à la maison duquel Nostradamus était attaché. C'est à ce protecteur que furent dédiées les *Pièces héroïques et diverses pièces* (*Toulouse,* 1608, in-12).

(3) Dans la 4me des lettres publiées par M. Mouan, Nostradamus disait, le *dernier jour de carnaval* 1629 (p. 59) : « Quant à l'option que vous me faites ou de l'ordre de S. Michel ou de gentilhomme ordinaire de la chambre du roy, c'est un excès de bienveillance et non de mérite quelconque qui puisse estre en moy homme ordinaire et commun, n'acceptant en aucune sorte le premier qui ne se donne qu'à ceux qui ont rendu des militaires services au roy ou des plus importants devoirs que ma condition et mon mauvais sort n'ont voulu, ne refusant le second pour n'estre pas accompagné de tant d'ambition, de faste et de disparité. »

les asses passables services que ma plume a fait, tant en mon histoire dédiée à sa juste majesté (1) que pour les panégyriques de deux à trois mille vers attachés au volume de Monseigneur, de ses glorieuses victoires et très héroïques exploits, et encor sur la prophetie et l'hymne triomphal, dont la Rochelle est le sujet, et qu'encor je continue (2). Que je désire, dis-je, que le bruit soyt fondé sur cette verité, afin que ceux qui le verront, soyent en la creance de l'avoir en quelque sorte mérité. Ne me souciant pas beaucoup qu'il ne soyt accompaigné de pension, puis que je ne suis persone tant recemmandable, que le Roy m'en doive fauoriser pour l'ordre de Sainct Michel, en demeurant tousjours, conseillé de mon bon sens, en ma première résolution. Pour *les vers du sieur Remy*, j'ay tousjours leu auidemment tout ce qui est parti de sa main. *Je l'estime vray poete épique* (3) comme je fay

(1) Voir ce que dit M. Mouan (p. 7) de l'épitre dédicatoire de Nostradamus à Louis XIII.

(2) L'hymne sur la reddition de la Rochelle dont il a été fait mention dans la lettre précédente.

(3) Ce *vray poète épique*, qui cultivait la poésie latine et qui habitait la ville d'Aix, est si bien oublié, que l'on ne retrouve son nom dans aucun de nos dictionnaires biographiques, même dans aucun des dictionnaires biographiques publiés en Provence. J'aurais donc le regret de ne pouvoir rien dire de lui, si M. L. de Berluc Perussis, ancien président de l'Académie d'Aix, n'avait eu l'extrême obligeance de m'apprendre que l'on trouve trois pièces latines de ce poète, signées *Remmius*, dans l'*Ostreomyomachie*, recueil de vers des beaux esprits aixois dont on ne connait qu'un seul exemplaire, possédé par M. le marquis de Lagoy. Voici le titre complet de ce recueil : **ΟΣΤΡΕΜΥΟΜΑΚΗΑ**, *sive ostreæ et muris pugna, mors, cenotaphium, apotheosis. Illustriss. Alphonso de Richelieu Galliarum primati et Lugdunensium archiepiscopo.— Et nugæ seria du cunt. Aquis-Sextiis, apud Stephanum David*, in-4° de 26 pages. C'est encore à M. de Berluc Perussis que je dois la connaissance de ce quatrain, gravé sur le coffret semé de fleurs de lis et d'L couronnés, dans lequel était gardé par Borrilli le baudrier de Louis XIII, coffret conservé dans le cabinet de M. Paul Arbaud, à Aix :

MDCXII

Ce petit coffre est tres auguste
Parce qu'il porte avecques soy
Le bauldrier que Louys le Juste
Portoit lorsqu'il fut sacré Roy.

A. REMY.

le sieur Vyas, que je tiens l'un des premiers de cette France (1). Si que je n'ozeray prononcer aucun jugement sur l'excellence de ces deux personages tant leur façon a de la sympathie et tant leurs génies sont nés au poème héroïque; *quoy que l'extrême douceur de l'un soyt admirable, et la gravité de l'autre toute pleine de majesté*. Et si ma curiosité n'est point espèce de philaphtie (2), *je scauroy d'eux* et des meilleurs espris *en quelle cathegorie mes ouvrages peuvent entrer*, ne vous estant point chose fâcheuse et désagréable *d'en donner à ces deux excellens poètes* et tels autres que vous aduiserés; et d'en faire tenir à la Cour et au Roy mesmes, à ce qu'ils saichent que les Esprits *et les plumes des Prouençaux ne sont pas si goffes* (3) *que leur langage, quoy que tres significatif*, et *qui a mis la poésie en haut crédit avant que Dante et que Petrarque, deux grandes lumières* de leur âge. Voyla ce qui m'est coulé de la plume, mais ce qui ne coulera jamais de mon souvenir, est la mémoire de vostre exquise bienveillance; les honneurs qu'il vous plait de me procurer, le continuel souhait de toute sorte d'augmentation de dignités, l'accroissement d'années nestoriennes en toute parfaite santé, quiétude et tranquilité d'esprit. Vœux et souhaits principaux et singuliers,

(1) Il s'agit là du poète marseillais Balthazar de Vias, dont il est question dans le *post-scriptum* de la 3me des lettres publiées par M. Mouan (p. 58). Nous le retrouverons parmi les correspondants de Peiresc, et j'espère donner, l'an prochain, un certain nombre de lettres inédites de ce personnage.

(2) C'est le mot *philautie* (amour de soi-même) que, d'après la première édition du *Dictionnaire de l'Académie française* (1696), on prononçait *philaftie*. Le mot semble avoir été peu employé par nos écrivains, et M. Littré ne l'a cité que d'après la *Sagesse* de Charron et les *Poésies diverses* de Scarron. Le savant philologue aurait pu encore indiquer une autre citation tirée des premières lignes des *Mémoires* de Marguerite de Valois (adressées à Brantôme) : « Je louerais davantage vostre œuvre si elle ne me louait tant, ne voulant pas qu'on attribue la louange que j'en ferois plustost à la philaftie qu'à la raison. » M. Lud. Lalanne, l'excellent éditeur de ces mémoires dans la *Bibliothèque elzévirienne* (1858), remarque, sous ce mot (p. 1), que Marguerite l'a placé encore dans la *Ruelle mal assortie*.

(3) *Goffe*, lit-on dans le *Dictionnaire de Trévoux*, « vieux mot, lourdaut, mal fait, mal bâti, grossier. Il se dit tant des personnes que des choses

ıprès les très humbles saluts de monsieur et madame de Valıacéz (1) et monsieur le baron son fils, vostre bien-aymé ıeveu (2), que fait et fera en vostre faueur jusques au dernier ıas de sa vie.

P. S.— Monsieur, si vous trouvez à propos de mentioner ıu brevet, le plus succintement qui se pourra, le nom de feu ıon père par avanture que cela n'y sera pas superflu.

Le sieur de Rez, vostre très humble et très obéyssant serıiteur, vous salue et tous les vostres.

Monsieur,

Vostre très humble, très obéissant, très fidèle et très obligé ıerviteur.

NOSTRADAME.

A Sallon, ce iiij mars MDCXXIX.

V

MONSIEUR,

Jusques à quelles bornes prétendés vous, que l'excez de ıostre bienveillance accompagnée de tant de bienfaits, et de ıagnificence arrive? Si c'est jusques à l'infini, nature le refuse, ıt ne s'estend pas si avant, ni jusques là. Si c'est pour me ıaire cette injure seule, comme dit Jurnius à Auguste, de me ıaire vivre et mourir ingrat (3) ; il n'y a pas moins de

(1) Palamède Fabri, seigneur de Valavez, frère cadet de Peiresc, avait ıpousé la fille d'un conseiller au parlement d'Aix, Marquise de Tules, dont ı prénom a été souvent changé en celui de *Marguerite*.

(2) Claude Fabri, baron de Rians, conseiller au parlement d'Aix en 1632. ıoir, sur cet indigne neveu de Peiresc, les *Documents inédits sur Gasendi* (*Paris*, 1877, p. 18).

(3) *Jurnius* ne me rappelle rien. Est-ce la faute de ma mémoire? ıst-ce la faute de la mémoire de Nostradamus, qui aurait pris un nom ıour un autre? Ce qui se rapproche le plus, dans les textes de l'antiquité, ıe la forme donnée par notre écrivain au nom de l'obligé d'Auguste, ı'est le mot *Tunius* que je trouve dans ce passage des *Douze Césars* ıe Suétone (*Octave-Auguste*, chapitre LI) : « Il donna des preuves écla-

cruauté de vostre part, que du malheur et de l'infortune de mon costé. Les surabondans, riches et beaux exemplaires que je viens de recevoir, mais avec nombre non pas sortable; mais excessif et hors de règle, de compas et de mesure, sont un si violant et pressant tesmoin de cette vérité, qu'il est non-seulement irreprochable : mais plus grand que toute exception : Et non seulement cela : mais un solliciteur violant qui me reproche les défauts de mon mérite, et de mon impuissance envers tant d'illustres signes et de magnifiques effaits d'une si parfaite amité. Mais n'estoyce pas assés que vous eussiés chargé mes faibles espaules d'un tel fardeau, sans que Madame de Vallavez y eut adjousté un tel et si pesant surcroit quoy que très agréable et très doux ? C'est ainsy que Brenus outre le juste prix de l'or accordé pour quitter Rome, mit d'une hautaine et gauloise fierté sa dague dans le bassin qui le devoyt justifier (1) : Que puis-je auoir en mon pouvoir qui puysse contrebalancer de tant extremes courtoysies : si vous en ostés la volonté et le souvenir que j'en auray tous les moments de ma vie : que me restera-t-il qu'un regret perpétuel et un dueil inconsolable, qu'il me faille, vivre et mourir ingrat ? Vice (de vray) que j'ay eu toute ma vie en pire horreur que le terrible des terribles. Mais le sort m'a fait naistre pauvre, et desnué des moyens d'un cœur noble et genereux qui ne voudroit, s'il lui estoyt permis, jamais estre surmonté en courtoysie et amitié, en bienfaits et reconnoyssance : Cessés donc, Monsieur, de me surcharger ainsy, et vous monstrés plus moderé et plus équitable à mes forces. A tant que la continuation de vostre esquisse bienveillance demeure toujours en son entier. Tandis que j'estudieray par

tantes et nombreuses de clémence et de douceur. Pour ne pas nommer tous ceux de ses adversaires auxquels il fit grâce de la vie, et qu'il laissa même parvenir aux premières dignités de l'Etat, je ne citerai que les deux plébéiens *Junius* Novatus et Cassius de Padoue... ».

(1) Il me semble que Nostradamus traduit heureusement, en ce passage, le récit des anciens historiens de Rome, et rien sonne-t-il mieux que ces mots : *d'une hautaine et gauloise fierté ?*

quelle industrie et quel moyen, je pourray payer quelque partie d'une telle et si grosse debte dont je me sen et reconoy obligé, et à vous et tout les vostres ne désespérant de pouvoir donner bien tost quelque petite piece de déuotion de ma main à Madame de Vallauez, pour ne vivre du tout rustique et insensible à ses presens. Pour ce qui vous regarde, j'ay encor parmy les livres de feu mon père, dont les plus rares et meilleurs se sont escartés (1), *un fort viel Tite Live in folio figuré* selon la manière du temps : des plus vielles impressions (2) : mais fort simplement couvert (3), que j'auray à faveur qu'il ay un coin à vostre exquise et magnifique biblioteque, si vous l'en voulés reputer digne : et pareillement *un grand et viel Martial commanté* qui luy tiendra compaignie (4). L'acception que vous en fairés, soulagera le desplaisir qui me touche vivement de ce qu'il me faut et vivre et mourir peu connoissant, ce que Dieu ne vueille permettre puis que c'est que le vice des vices (5) et celuy entre

(1) Michel Nostradamus parait avoir possédé une assez belle collection de livres, car les lettres publiées par M. Mouan mentionnent plusieurs ouvrages qui de cette collection passèrent dans celle de Peiresc par l'intermédiaire de César, notamment un *Cœlius Calcagninus* (p. 48), un *Lucain* où le prophète avait écrit de sa propre main : *Ex libris Michaelis Nostradami et amicorum* (p. 51), un recueil manuscrit des lettres du roi René (p. 51), etc.

(2) Peut-être le *Tite Live* de Lyon (de 1510 environ), ou celui de Venise, postérieur de quelques années, qui était un des plus vénérables bouquins de la riche collection d'un savant bibliophile dont le nom est cher à la Provence, M. Charles Giraud (de l'Institut.)

(3) Les livres de Nostradamus ne brillaient pas, ce semble, par la reliure, car, à propos du recueil des œuvres de Cælio Calcagnini, il s'exprime ainsi dans la première des lettres publiée par M. Mouan (p. 48) : « A la vérité mal couvert et mal vestu comme tesmoignant plustost ma pauvreté que ma négligence ni mon mépris. Je ne doute aucunement que vous ne l'estimiès digne estant decemment habillé, de tenir rang parmi vostre très exquise et très excellente bibliothèque. »

(4) La première édition de Martial commentée est celle de Venise, 1480, in-f° (*cum commentario Domit. Calderini*).

(5) C'était aussi l'opinion de saint Bernard qui a dit dans un de ses sermons : « *Nihil ita displicet Deo, quemadmodum ingratitudo.* » Citons ici un traité spécial d'un écrivain italien dont nous allons retrouver le nom

tous les plus que j'ay le plus detesté. C'est pourquoy *le sieur de Réz* sera à vous, s'il plait à Dieu luy donner et vie et santé mais non *vacuis manibus* Cependant je chercheray toutes *mes vieilles cartes* (1) et ne manqueray point de mettre à part tout ce que j'estimeray estre moins indigne de vous : et plus sortable à mon pouvoir. Ne me restant plus qu'un long et grand remerciment au soin de tant de beneficences, qui regardent mon honneur, ma réputation et ma gloire, qui vous en seront débitrices. Je salueray donq tres humblement Monsieur de Vallavèz et Madame, ne saichant de vray de quelles asses puissantes paroles former mes remerciments, non plus que ceux que je doy à la fauueur du souuenir honnorable de Monsieur le Baron, auquel je souhaitte tout ce qui peut estre de souhaittable, au passage de cette vie : et après ces tres humbles et tres affectionés saluts, protester deuant Dieu que je suis, doi, et veux estre jusques au terme dernier de mes jours celuy qui est et sera,

Monsieur,

Vostre tres humble, tres obeyssant, tres obligé et tres fidelle serviteur,

NOSTRADAME.

P.-S. — Monsieur, je vous envoye *la lettre de Monseigneur* (2) afin que vous la lisiés d'un bout à l'autre ; et apres l'avoir ou refermee ou laissee ainsy l'envoyer de ma part à Monsieur de la Bourdaloüe à ce qu'il la voye aucy et la face voir à Madame et en face ce qu'il treuvera le plus convenable et à propos. Tant je que *je désire que Madame* (3) *et*

dans une des lettres suivantes : *Lilii Gregorii Gyraldi Ferr. liber adversus ingratos, in quo multiplices ingrati criminis radices convelluntur, variisque tum historiis, tum naturæ exemplis ingrati refelluntur*, etc. (*Florence*, 1548, in 8°).

(1) C'est-à-dire tous mes vieux papiers (du latin *charta*).

(2) En d'autres termes, la lettre pour Monseigneur, pour le duc de Guise. déjà nommé.

(3) C'était Henriette Catherine, duchesse de Joyeuse, comtesse du Bouchage, etc., fille de Henri de Joyeuse, comte du Bouchage, maréchal de France, et de Catherine de la Valette.

Monsieur le Prince la voyent en quelle facon que ce soyt, ce que le sieur de la Bourdaloüe pourra scauoir de vous.

A Sallon, ce XII mars MDCXXIX.

VI

MONSIEUR,

Je respons à vos deux lettres, l'une du quatorse, l'autre du dix-huit de ce mois, non à la verité selon mon desir qui est extreme, mais selon mon pouuoir qui est fort peu de chose, et presque point recommandable, que par le merite de vostre exquise bienvueillance, aux autelz de laquelle je ne scauroy offrir victime tant soyt elle precieuse, qui ne se trouue bien peu de chose, et de petite estime et valeur. Bien veux-je vous assurer que si je croyoy, les *deux voulumes*, dignes de tenir quelque rang parmy vostre tres excellente et tres riche biblioteque, je passeroys outre et contenteroy plustost mon desir et mon affection, que vostre modestie en cela. Mais puis qu'il faut obeir et ceder, je changeray de discours, pour user de remercimens tres humbles à l'honneur que *ma lettre* a receu de vous, de meriter d'en estre leüe, et si fauorablement *rendue, au contentement de Madame*, *de Monseigneur le Prince*, et de monsieur de Bourdaloüe, de qui la lettre m'a non seulement contenté, mais grandement consolé. Attandu qu'après Dieu, *Monseigneur de Guyse est le seul estançon et l'appuy de ma vieillesse et de ma vie* par ses ordinaires bienfaits (1). Le sieur de Bourdaloüe pour la bonté de son naturel m'y ayant toujours esté, un tres fidelle et fauorable solliciteur. Ne doutant aucunement que vostre recommandation ne m'y soyt tres utile et tres puyssante. Ce sont les effaits de vostre singulière

(1) Nostradamus, le dernier jour de carnaval 1629, parlait en ces termes (*apud* Mouan, p. 60) de ce même *estançon* : « Ozant bien vous assurer que je faisois triste chere sans les bienfaits de Monseigneur, qui par sa magnificence me garde de nécessité et jusques icy a chassé de ma maison cette triste, facheuse et mal gracieuse déesse Penie. »

bienvueillance, qui m'est sans plus cruelle et discourtoyse, en cela qu'il me faut vivre et mourir ingrat, et neantmoins je ne puis ny vous en blasmer, ny en accuser ma conscience plus exente de ce vice que de tout autre imperfection, cependant *fueilletant mes vielles cartes et mes memoires, j'ay retrouué quelque suytte de nostre Histoire, jusques en l'an six cens vingt et deux* (1), *que je range un peu par ordre et mets au net, pour apres les vous faire tenir,* aueq quelque honneste decence. Et pour ce que vous me marques de feus mon pere et mon oncle (2), et encor de ce qui me regarde, qui est certes bien peu de chose, je tacheray aueq l'ayde de Dieu, d'en dresser quelque naïfs et simples traits auec toute la modestie dont je me pourroy adviser, mais aueq toute candeur et verité. Ce qui sera accompaigné d'une tres humble supplication, d'y

(1) On conserve dans la bibliothèque d'Inguimbert, à Carpentras, sous le n° 520, un manuscrit autographe et inédit de César Nostradamus, intitulé : *Neuvième partie ou suite de l'histoire et chronique de Provence, depuis le commencement de* 1601 *jusqu'au* 1er *aoüt* 1619 (in-f° relié en parchemin.) Voir le *Catalogue descriptif et raisonné des manuscrits de la bibliothèque de Carpentras* par C.-G.-A. Lambert (t. I, 1862, grand in-8°, p. 328-330). « Sur l'un des feuillets de garde », dit (p. 329) l'auteur de cet excellent catalogue, « Peiresc a mis cette note : *Suite et continuation de l'Histoire du sieur Cesar de Nostredame, depuis le commencement de l'an* 1601 *jusqu'en* 1618, *escrite de sa propre main et à moy envoyée par lui, le* 24 *feburier* 1620. » Peiresc, en écrivant cette note, commit deux petites inexactitudes : en ce qui regarde l'époque jusqu'où s'étend la continuation de l'Histoire de Provence, il mit 1618 pour 1619; et, en ce qui regarde le jour où il reçut le manuscrit de Nostradamus, il marqua la fin du mois de février pour la fin du mois de mars. Chacun, du reste, semble s'être trompé au sujet de cette continuation de l'Histoire de Provence, car nous venons de voir que l'auteur lui-même prolonge jusqu'à l'année 1622 un récit qui s'arrête au mois d'août 1619, et M. Alfred Franklin, dans l'article *César Nostredame* de la *Nouvelle Biographie générale*, mettant *au passé* ce qui, Dieu merci ! doit être mis *au présent*, dit (t. XXXVIII, col. 305) : « La bibliothèque de Carpentras *a possédé* un manuscrit de César de Notredame intitulé : *Neuvième partie ou suite*, etc. »

(2) Jean de Nostredame, frère de l'auteur des *Centuries*, fut Procureur au parlement d'Aix et mourut en 1590. Ai-je besoin de rappeler que ses *Vies des plus célèbres et anciens poètes provensaux, qui ont floury du temps des comtes de Provence* (*Lyon*, 1575, in-8°), fourmillent d'erreurs qui ont été trop souvent répétées ?

proceder sans excez de louange non meritée ; *ma seule ambition pour ce qui est de moy n'estant autre que d'estre homme de bien et d'auoir este jaloux de l'honneur de ma patrie, et d'eternizer la noblesse de la prouince* qui m'en scait et si peu de gré, et m'en paye si lachement. Avant que clorre ma lettre, j'ay une juste querimoie contre vous, de ce que vous aves abrogé et *le sonnet et l'epistre latine*, le premier en tous les exemplaires, et la seconde à plusieurs. Comme si en cela je n'ay suyui les pas et la trace des poetes plus illustres en toute sorte de langues, qui n'ont jamais loue lachement les personages de haut merite, de grade et de qualité. En quoy vous aves fait tort, monsieur, à la memoire de mon nom, aussi bien qu'à celle du vostre : puis que je n'ay point excedé et n'ay ny flatté ny menty. Faites moy raison de ce tort, et de l'injure que vous faites à vous mesme. Et je ne manqueray point de satisfaire à voz desir, *d'un inuentaire de mes œuvres telles quelles principallement en vers*, dont la trie (1) et le choix (car j'en condamne beaucoup) *vont presque à trente six milie* (2). *Pour le volume des Nativités* (3), *il me souuient que mon neueu de Seva le print* : Auquel j'escri de ne faire faute de le vous consigner ou bien de me l'enuoyer en toute dilligence et celerité (4). A tant je vous renuoye vostre lettre aveq celle que le sieur de Bourdaloüe m'escrit, affin que rien de tout ce qui me regarde ne vous puysse estre celé. J'oublioy à vous dire que

(1) Le poète Baïf, parlant des abeilles, s'exprime ainsi : « Entre les fleurs font une trie. » On disait autrefois plus souvent *triage*, et Montaigne a préféré cette dernière expression.

(2) Ce chiffre formidable fait songer à la plaisante exclamation d'un homme d'esprit auquel un de ses amis, qui fut de l'Académie française, annonçait l'achèvement d'un poème épique en dix-huit chants de deux mille vers chacun : « Mais, malheureux ! sais-tu bien qu'il faudra trente-six mille hommes pour le lire en entier ? »

(3) César veut-il parler là de quelque ouvrage de son père, qui ne nous aurait pas été conservé ? Conférez ce qu'il écrit à Peiresc (*apud* Mouan, p. 56) du *Livre des Epîtres latines* qui semble bien être le même ouvrage, lequel aurait été un recueil de lettres écrites en latin sur les nativités.

(4) Voir, plus loin (*Appendice*) les deux lettres écrites à M. de Seva par Nostradamus, lequel s'y montre un oncle peu endurant.

j'ay receu *les vers latins que le sieur Remmy a fait sur le Temple de la gloire, que j'estime excellemment, et tien ce personage un second Virgile.* De ma part, *j'ay commencé un troisième poeme sur les autels, les ordres et le vray et catholique excercice restitués dedans la Rochelle*, où je mesleray quelque chose des *expéditions victorieuses par nostre juste Louys au Piémont* (1), suyuant que les *imprimés* que j'en ay receus et pourray encor receuoir de vous, fourniront de matieres à mon heroique poeme. Je n'ay plus qu'à vous desirer toute augmentation d'années, d'honneurs et de dignités, après vous auoir tres humblement salué, monsieur et madame de Vallauez, et leur cher et bien aymé barón en qualité de leur très humble et tres oblige seruiteur et le vostre,

Monsieur,

Tres humble, tres obeissant, tres fidelle et tres debiteur,

NOSTRADAME.

A Sallon, ce XX mars CIƆIƆXXIX.

VII

MONSIEUR,

Je n'ay jamais receu lettre qui m'ayt plus contenté que celle que vostre laquay me rendit hier de vostre part, bien que tout ce qui part de vostre plume soyent des precieux dyamants que je garde aussi cherement qu'un thresor : ny de vray nouuelle plus heureuse que d'auoir appris que le *manuscript des Epistres latines soyt* tumbé par une si bonne fortune en si dignes mains que les vostres. Je le vous renuoye donc aueq une solennelle priere qui aye force d'une honnorable conjuration de le garder, inviolablement, *le traitter et corriger sur les poincts*

(1) Aucun bibliographe ne paraît avoir connu la série des poèmes sur la Rochelle de César Nostradamus. Il en sera plusieurs fois encore question dans cette correspondance. J'appelle sur ce point mystérieux de notre histoire littéraire toute l'attention, toute la sagacité des bibliophiles provençaux.

qui pourroyent contenir en eux quelque aigreur, et ne le communiquer à ce monsieur Valois qui a tant en horreur ce que peut estre il ignore (1), *ny à ame quelconque quelle qu'elle soyt, car il est mien hereditairement, et comme tel je le vous donne et consigne assurement.* Bien vous diray je que le grand *Pic de la Myrande* nommé le Phœnix de son âge (2) estoyt possedé d'un pareil esprit que le sieur Valois que je ne conoy que par vous, mais que *Pontan*, qui estoyt une lumiere en presques toute doctrine du mesme siècle (3), luy a respondu autant doctement, que passionement ; il auoyt dressé ses plus fortes batteries contre *l'Astrologie* et ses professeurs. *Mon neueu*, qui est ignorant et mal conseillé, ne conoit pas, comme je fay, l'obligation que l'honneur et le nom *de mon père (qui estoyt*

(1) Il s'agit là de M. de Valois, trésorier de France à Grenoble, un des correspondants et amis de Gassendi. C'était un grand adversaire de l'astrologie, et voilà pourquoi César Nostradamus, épousant la cause paternelle, parle de lui avec une certaine amertume. Le savant financier est souvent mentionné dans la *Vie de Pierre Gassendi* par le P. Bougerel (1737, in-12, *passim*).

(2) Pic de la Mirandole, mort, non pas « à l'âge de trente-huit ans, le 24 février 1495, le même jour que le roi Charles VIII fit son entrée dans Naples », comme le rapportent les auteurs de *l'Art de vérifier les dates* (t. XVII, in-8°, 1819, p. 430), mais bien à l'âge de trente-un ans, le 17 novembre 1494, le jour même de l'entrée de Charles VIII, à Florence. La singulière méprise des Bénédictins a été relevée par M. Jules Dukas dans ses remarquables *Recherches sur l'histoire littéraire du XVe siècle (Paris*, Léon Techener, 1876, gr. in-8°, p. 35). Suivant l'habile critique (p. 32), les Bénédictins ont encore eu le tort — qu'ils partagent avec Voltaire — de transformer les fameuses neuf cents propositions de Pic de la Mirandole en 400 propositions. Rappelons (toujours d'après un aussi excellent guide) que ce ne fut point le jeune Pic, quoi qu'on en dise toujours, qui donna audacieusement à sa thèse le titre *De omni re scibili*, et que ce ne fut pas Voltaire, quoiqu'on en dise souvent (Voir notamment l'article de M. Leo Joubert dans la *Nouvelle Biographie générale*, t. XL, col. 45), qui le premier ajouta ces mots d'une si piquante ironie : *et de quibusdam aliis*.

(3) Jean Jovien, plus célèbre sous le nom italien de *Pontano* et surtout sous le nom latinisé de *Pontanus*, mourut en 1503, presque octogénaire. Ses œuvres, aujourd'hui ri rarement feuilletées, remplissent six volumes in-f° (*Naples*, 1505-1512).

homme fautien (1) *et non pas ange*) et les siens, et moy singulierement vous aurons tant que le monde sera monde. Asses de grands personages ont eu de remarquables défauts : et n'est pas chose prodigieuse ny nouuelle que tous les mortels soynt subjects à cette regle universelle et generale soubs le ciel de la lune où toutes choses sont caduques, imparfaites et perissables. Soubs cette condition donques qu'ame ne le voye au grand jamais, je le vous renuoye et le vous donne accompaigné des paperats (2) de *la suytte de mon histoire*, pour en tirer ce que vous jugerez digne de l'estre, estimant que l'une des meilleures pièces que vous y ayez rencontré soyt sur la deplorable *mort* de feu monsieur le *chevalier de Guyse* (3). Je vous enuoye encor de surcroyt une laueure faite à la plume (4) d'une asses hardie main de ce qui aduint à Lepanthe, anciennement Naupacte, *soubs la maistrise* et principauté de l'illus-

(1) C'est-à-dire fautif. Je ne me souviens pas d'avoir jamais rencontré dans nos vieux auteurs la forme *fautien*. Au XVIe siècle, on employait le mot *faultier*. L'extrême lisibilité de l'écriture de César Nostradamus, lequel était un calligraphe des plus distingués, ne permet pas de croire qu'il n'ait pas écrit le mot tel que je le reproduis.

(2) On appelait autrefois *paperats* des morceaux de papier. Le mot se trouve notamment dans les *Bigarrures* du seigneur des Accords (Etienne Tabourot). Observons toutefois que déjà, au XVIe siècle, Montaigne s'est servi du mot *paperasse*.

(3) François-Alexandre Paris de Lorraine, appelé chevalier de Guise parce qu'il était chevalier de Malte, était un frère de Charles de Lorraine, IVe duc de Guise. Il naquit en 1589, après l'assassinat du *Balafré*, son père, et mourut le 1er juin 1614, tué au château de Baux, près d'Arles, par un canon qui éclata au moment où il y mettait le feu. Voir sur ce lieutenant-général du roi en Provence l'*Histoire des ducs de Guise*, par René de Bouillé (t. IV, 1850, p. 360-378), *les Ducs de Guise et leur époque* par H. Forneron (t. II, 1877, p. 424-426). Voir particulièrement sur l'accident qui lui coûta la vie, une lettre de Malherbe à M. de la Garde (*Œuvres de Malherbe* publiées par M. Lud. Lalanne, t. I, 1862, p. 357) et une autre lettre du grand écrivain à la princesse de Conti (t. IV, p. 195-218).

(4) C'est ce que nous appelons lavis. Savait-on que ces dessins coloriés avec de l'encre de Chine ou quelque autre substance délayée dans de l'eau, portaient autrefois le nom de *laveure?* Je ne trouve ce dernier mot ni dans *Richelet*, ni dans *Trévoux*, ni dans *Littré*.

trissime *Aloph de Vignaucour* (1) dont le discours est au long au manuscrit que vous aués ; et y auroy ajousté un *Heronis spiritualia* fort correct bien figuré, si je n'eusse estimé que vostre digne biblioteque n'en scauroyt estre despourueüe. Il est *imprimé à Urbin l'an MDLXXV* aueq priuilege de Grégoire XIII et traduit du grec en latin par un Frideric Commandin (2). *Je l'achetay à Rome en l'an MDXXCIX* (3), du temps du pontificat de Sixte V^e^, la terreur des forvssits (4). Avertissés moy de vostre volonté. Or ayant appris *la mort du bon Père Porphire* dont la demeure en cette basse terre a esté toute saincte (5), et l'ame est bien heureuse au Ciel. Et d'autant que j'ay creu que vous le feries *grauer en taille douce*, *apres le crayon que vous avez de ma main* (6) ; *je vous supplie y mettre au dessous seulement ces paroles : Cœsar Nostradamœus patricius Sallonius pinxit*, et, apres le nom du graueur,

(1) Aloph de Vignacourt, LIIIe grand-maître de l'ordre de Saint-Jean de Jérusalem, succéda en février 1601 à Martin de Garzès, gouverna fort heureusement et avec beaucoup de gloire, et mourut le 14 septembre 1622. Il enleva aux Turcs, entre autres forteresses, celle de Lépante.

(2) Frédéric Commandin, né à Urbin en 1509, mourut le 3 septembre 1575. On peut voir l'éloge de ce savant mathématicien et helléniste dans l'*Histoire universelle* du président de Thou, dans le recueil d'A. Teissier, dans le *Dictionnaire critique* de Bayle, etc. L'ouvrage indiqué par Nostradamus est un volume in-4° dont voici le titre complet : *Heronis Alexandrini Spiritalium liber*.

(3) Ce fut probablement pendant son séjour dans la ville du monde la plus favorable à l'étude des beaux-arts, que Nostradamus, jeune encore (il avait à peine 39 ans, en 1589), fit de grands progrès comme dessinateur et comme peintre.

(4) Bandits, brigands, de l'italien *fuoruseiti*. Voir sur l'anéantissement des *forussits* par l'énergique pape, le *Sixte-Quint* de M. le baron de Hübner (t. I, 1870, p. 273-339).

(5) J'emprunte à la brochure de M. Mouan, à laquelle je dois déjà tant, cette note sur le bon Père Porphyre (p. 47) : « Pierre Bonet, en religion le Père Porphyre, né à Barcelonnette vers l'an 1563, de l'ordre des Capucins. Il fut successivement gardien, maître des novices, définiteur. Il mourut à Aix en odeur de sainteté, le 18 mars 1629. »

(6) Nostradamus annonçait à Peiresc l'envoi de ce crayon dans une lettre du 3 juin 1628, la première de celles qui ont été publiées par M. Mouan (p. 47).

si bon lui semble, *et communiquer ce sonnet et sans alleguer le nom de l'auteur et encore le faire mettre a la presse, si vous l'en estimés digne.* Quant aux imprimés tant prose que vers que vous m'enuoyez, j'ay trouué l'auteur de Montauban, un heretique brulable (1), esperant de voir à loysir et l'histoire latine, et les autres papiers dont de vostre grace et ordinaire magnificence il vous a pleu me faire part, pour en tirer ce que je trouueray conuenable à mon troisième poeme, avec promesse de vous renuoyer le tout principallement l'histoire latine et *celle de la guerre saincte*, afin que de choses si precieuses ne tumbent en mains indignes, puis que le bon plaisir de Dieu est que je soy sans posterité ; et *que les enfans de mon esprit*, qui *ne sont point contrefaits, courent une si miserable fortune que de ne voir jamais le jour. J'escri au sieur de Bourdaloüe* pour recouurer le *poeme* que j'ay fait *sur la mort de madame la princesse de Dombes* (2), qui est l'un de mes plus beaux enfantemens, *que je desire mettre* entre vos mains, et puis *sur la presse*, soyt que l'imprimeur le veuille faire gratis ou qu'il luy faille quelque escu, que je payeray volontiers, parce que le poeme le vaut (3). Si ma lettre est à battons rompus, elle est escrite tumultueremenl (4), et *a calamo ad cartam.* Et

(1) Quel peut être cet écrivain montalbanais, cet *hérétique brûlable?* Espérons que cette dernière expression est purement métaphorique et que Nostradamus ne poussait pas l'intolérance au-delà d'une figure de rhétorique.

(2) C'était Marie de Bourbon, fille de Henri de Bourbon, duc de Montpensier, et de Henriette Catherine, duchesse de Joyeuse. Elle avait été mariée, le 6 août 1626, avec Gaston Jean-Baptiste de France, duc d'Orléans, et était morte le 4 juin 1627.

(3) De ce poème, *l'un des plus beaux enfantements* de Nostradamus, je dirai, comme du poème sur la Rochelle, qu'il faudrait le rechercher activement dans les bibliothèques méridionales.

(4) C'est-à-dire à la hâte et sans ordre. Nostradamus s'est servi de la même formule au bas de la lettre écrite le *dernier jour de carnaval* 1629 (p. 62 de la brochure de M. Mouan). Les rédacteurs du *Dictionnaire de Trévoux* signalent l'emploi de *tumultuairement* dans une phrase de Saint-Evremond, M. Littré retrouve le mot dans Amyot, Agrippa d'Aubigné et Michel de Montaigne, aussi bien que dans Bossuet, Duclos et Rollin.

puis, sans mentir, l'age ne me rend presque plus capable de rien digne de considération ny d'estre veu des beaux et doctes esprits. J'oublie à vous dire que *j'avoy commencé la genealogie des Fourvies d'Angleterre en faueur des Fourbyns* (1), mais je suis si mal satisfait et d'eux et de toute la noblesse, que *je l'ay layssée là* : quoy que je ne trouue à la verité pas un solide fondement, et une preuue irreprochable et puyssante qu'ils soynt yssus et venus de là, m'en remettant à ce que vous en croyés, et ce d'autant que ny le blason des armes n'est semblable ny le surnom conforme entierement, attandu qu'une seule lettre fait ordinairement differenter infinies familles, extraittes de diuers troncs : comme aussy les armoiries tombent souuent en mesme categorie. De uray comme je ne trouue jamais vos lettres que courtes à mon goust et mon sentiment, je cherche à faire de mesme tant je vous escri volontiers, et vous li avidemment. Mais estant ainsy que comme vos paroles ne sont que miel, mes discours ne sont qu'amertume, je prendray port (2), après un sainct et franc desir que toutes choses vous succedent heureusement autant ez dignites, honneure et biens de fortune que vous en estes pourueu de ceux de l'ame et du corps ; et, après un million de très humbles et très affectionnées salutations à monsieur de Vallauez, madame et monsieur le baron son fils, les vostres y tenant le haut bout ; afin que sans estre trop importun je demeure toujours et jusques au tombeau,

Monsieur,

Votre tres humble, tres obeyssant, tres fidelle et tres obligé serviteur,

NOSTRADAME.

On le rencontre aussi dans les *Lettres de Jean Chapelain*, de l'Académie française, dont le 1er volume vient de paraître *(Collection des documents inédits sur l'Histoire de France*, 1880).

(1) On sait que la maison de Forbin ou Fourbin est une des meilleures maisons de Provence. Voir, outre tous les nobiliaires provençaux, *l'Histoire généalogique des grands officiers de la couronne* (t. VIII).

(2) Corneille a dit de Pompée, dans la tragédie de ce nom :

Il ne vient que vous perdre en venant *prendre port.*

P. S. — J'ay leu *les vers du sieur Vias* que je loue grandement et commence les latins intitulés *Rupella capta* que j'estime fort heroiques et bien faits. J'auray à plaisir que vous ayés enuoyé les miens en endroits que vous le jugerez conuenable. Je suis en doutte à qui dedier mon troisieme poeme. Donnez m'en vostre aduis.

A Sallon, ce xxvij mars MDCXXIX.

VIII

Monsieur,

Cette lettre n'est ni de droit compliment, ni de juste responce; elle est de recommandation en l'*affaire de ce jeune homme* qui en est le pourteur et celuy qui m'a pris pour son intercesseur, ayant eu vent que vous m'aymiez et m'estimiez quelque chose, puisque vous m'estimiez digne de vostre affection : Et bien qu'il semble que j'offense vostre irreprochable integrité, de vous recommander, ce qui vous est en plus singulière recommandation que la vostre, assauoir la justice de son droit, si sont-ce des hommages légitimement deus aux Dieux souerains de la terre qui ont la balance en main pour faire le poix à tous. Ce mesme pourteur vous rendra les vers du jesuite (1), que je loüe en plusieurs traits, mais non certes pas à tous, sans envie et sans aigreur; néantmoins louant toujours ce qui est louable, et excusant les oublis, les defauts et les manquemens; comme je desire qu'on excuse les miens, puis que nous sommes tous hommes, et partant sujets à faillir. Vous scaures cepandant que partie le mauvais temps, partie mon indisposition, partie les troubles de cette ville, et sur tout le reffus des muses n'ont pas voulu que j'aye encor *achevé ma troisième piece qui est tou-*

(1) Rien ne permet de deviner quel est le jésuite-poète dont il est ici question.

tesfois fort auancée, que je dedie au Roy, et que si la vie ne me quitte, j'espère d'achever bien tost aueq l'ayde de Dieu, ce qui a voulu que je ne vous aye pas renuoyé vos imprimés, desquels je m'ayde à ce subject. Je croy aussy que le Père Chieusse vous ayt rendeu de ma part le *liure d'Heron*, que j'ay voué à vostre bibliotèque, que j'ay jugé par vostre lettre, ou pour le moins par conjecture *que vous ne devies pas auoir.* C'est à la verité un livre rare que j'ay pris plaisir de voir et reuoir, lire et relire plusieurs fois auec admiration et non mediocre estonnement : Si vous aviés à gré d'escrire au sieur de Bourdaloüe de vous enuoyer les vers funebres sur la mort de madame la princesse de Dombes, comme de ma part je luy en escriray, vous les trouuieriés dignes du jour et pleins de mille agreables agitations et poetiques fureurs (1). Or n'ayant plus qu'à vous recommander l'affaire de ce pourteur, et à vous saluer de mes tres humbles recommandations, il vous plairra de me continuer vostre chere bienueillance, et me tenir sur tous les hommes du monde.

Monsieur,

Vostre tres humble, tres obeissant, tres fidelle et tres obligé serviteur,

NOSTRADAME.

A Sallon, ce XXV avril, feste de saint Marc, MDCXXIX.

IX

MONSIEUR,

Ce n'est pas pour redoubler la *recommandation du sieur Giraud* au jugement de son affaire, dont il m'a fait voir une

(1) Nostradamus, parlant avec tant d'enthousiasme de ses *poétiques fureurs*, prouve que, malgré le célèbre mot de Démocrite, qui nous a été conservé par Cicéron, ce ne sont pas seulement les grands poètes qui éprouvent quelque inévitable délire, *sine furore quemquam poetam magnum esse.*

piece grandement puissante pour sa justification, et circonstance de sa partie : puis qu'il a cet honneur non ordinaire et commun d'estre conu de vous, mais bien pour le singulier contentement que ce m'est de vous escrire, et d'estre en vostre souuenir : que si je ne croyoy d'offencer, j'appelleroy volontiers à mon esprit un terrestre paradis. Tant me sont agreable voz responces et vos lettres : qui sans mentir sont un philtre aux importunes incommodités de mon age, *et de ma vieltesse qu'elles semblent rajeunir mieux que Medée ne sceut raieunir Eson* (1). J'y rencontre ce seul inconvenient, que je vous destorne de mille serieuses occuppations, et de tant d'heures precieuses dignes d'un tout autre subject que moy, et d'un employ trop plus illustre : si d'aduenture *la nouuelle qualite que vous m'auez* si magnifiquement *procurée*, ne couure en en quelque sorte le peu de merite dont je me recouoy porueu. Et si comme de surcroyt la souueraine affection qui me transporte, ne me rend entierement purge de cette mienne peu discrete indiscretion. C'est elle seule qui m'a fait vous demander *les heures* que je reconoy vestues richement de la main de vostre relieur ordinaire (2) et *que j'eusse desirées* (pardonnés à ma liberté) *de l'impression de Venise* où sont les offices plus amples et les tailles douces meilleures et de plus sçauantes mains. Mais il faut que je me plaigne de l'excez de vos libéralités, lesquelles en mon endroit semblent n'auoir aucun moyen : A tant qu'elles me l'ostent à moy de vous ozer plus demander mesmes les plus petites et moins considérables choses, pour ne vous donner occasion de tomber au vice de

(1) C'était l'occasion de citer les vers d'Ovide :

.... *Cui renovata senectus*
In florem redit primosque recolligit annos.

(2) Le relieur ordinaire de Peiresc résidait à Aix et s'appelait Corberan. On possède une lettre bien intéressante de Peiresc à cet artiste (car c'en était un et des plus habiles). Elle est inédite, si je ne m'abuse, et je la publierai dans un des premiers volumes de la correspondance du roi des bibliophiles du XVIIe siècle.

prodigalité. Je diray seulement que *je desire sçauoir comme je doy me seruir et en quelz termes user soyt à mes œuvres, soyt à mes actes publiques*, *de l'honneur et de la possession d'un tant honorable tiltre* (1), *les lettres* duquel je doutte que l'antidatte ne peut rendre suspectes, ce qui ne m'affligeroyt peu : En quoy tousjours vostre sage aduis, me servira de regle et de loy : et de souueraine consolation, parmy *une blessure, qu'un heurt m'a fait au dos de la jambe droitte*, *et la goutte qui m'a tenu quatre ou cinq jours au* gros doigt de mon pied gauche (2); ces accidents secondés d'un temps asses importun, facheux et mal agreable (3) qui *ne m'ont sceu permettre ny d'acheuer mon troisiesme poeme*, ny la peinture que j'ay vouée à madame de Vallauez (4) ; *c as meliora dabunt Superi fortasse benigni.* Si cependant la continuation de vostre exquise bienvueillance m'est assurée, me voila trop fort : Estant ainsy que rien ne me scauroyt arriuer de plus cher ny de plus desirable que d'estre ainsy cheri de vous, et de pouuoir me dire hautement de cœur et d'âme, après mille vœux de benediction, en vostre sacrée personne, et mille tres humbles saluts à monsieur, madame de Vallanez et monsieur leur cher et bien fait baron,

Monsieur,

Vostre tres humble, tres obeissant, tres obligé et tres fidelle seruiteur,

NOSTRADAME.

A Sallon, ce iij may MDCXXIX.

(1) Le titre de gentilhomme de la Chambre du Roi.

(2) Peiresc ne pouvait, certes, pas se plaindre du défaut de précision des renseignemenis contenus dans le bulletin de la santé de Nostradamus.

(3) Le mot *secondés* aurait pu raisonnablement faire place au mot *aggravés*, et Nostradamus ressemble ici à ceux qui vous disent gravement que leur voisin *jouit* d'une mauvaise réputation.

(4) J'aurais pensé que Nostradamus travaillait au portrait de la belle-sœur de Peiresc, et je l'aurais d'autant mieux pensé que de tous les genres, nous l'avons vu, le genre du portrait était celui qu'il cultivait avec prédilection; mais, une des lettres suivantes va nous apprendre que l'habile peintre préparait pour Mme de Valavez un petit tableau de piété, une miniature représentant la Vierge.

X

MONSIEUR,

Je n'auroy jamais eu paix avec le sieur Isnard, mon beau-frère, et vostre bienaymé cousin (1), si je ne l'eusse chargé de quelques mots de ma main à vous. En quoy il m'a autant obligé, qu'il me desobligea quand je fus l'accompaigner à Marseille, rendre ses complimens à Monseigneur (2), m'ayant de sa grace, en faueur de nostre alliance et fraternité, rettenu sur un voyage de quatre jours *trente* meschants *solz :* cela soyt dit sans indignation et sans outrage (3) ; m'estimant grandement honnoré d'estre ainsy son allié, et de m'auoir sollicité à l'action du monde qui m'est la plus agreable, qui est de vous escrire souuent, quelque rudes et mal façonnés que puyssent estre mes discours : comme d'un vieillard à qui desja tous les sentimens du corps et les graces et facultés de l'ame defaillent. Non toutesfois à tant d'extremité que quelque parcelle et rayon de jugement et de memoire ne me reste assés entière, et non du tout usee et perie. Pour la piece de la memoire, elle defaut principallement aux vieillards à cause de leur froideur et leur glacé temperamment. Or comme celuy *qui festinat facile offendit* (4), je vous diray que le jugement que je fi d'abbord des deux rares et riches *manuels* dont vous m'avés gran-

(1) Voir sur la famille Isnard ou plutôt des Isnards le *Dictionnaire historique, biographique et bibliographique du département de Vaucluse*, par le docteur BARJAVEL (*Carpentras*, 1841, t. II, p. 85-86). Cette famille est, de nos jours, représentée à Avignon par M. le comte des Isnards.

(2) Le duc de Guise, comme nous l'avons déjà rappelé.

(3) Ne trouve-t-on pas bien piquante cette anecdote des *trente sols* si mesquinement réclamés par un beau-frère à son compagnon de voyage, sur le cœur duquel ils semblent tant peser ? Il sera reparlé de cette misérable somme dans la lettre suivante.

(4) Le mot est à rapprocher d'un des plus pittoresques dictons de l'antiquité, dicton qui est déjà cité par Aristote : *Canis festinans cœcos parit catulos*.

dement obligé, fut un peu à la haste et precipité. Car exceptée l'opinion des tailles douces, j'ay trouué ces petits volumes infailliblement habillés de l'excellente main de vostre relieur et non d'aucune autre main si capable que la sienne, et ces petits et diuins liures si pleins de diuerses belles et sainctes prieres, et mesmement de tant de variables litanies, que mon esprit qui n'estoyt pas à moy, au premier jugement qu'il en fit, s'est non seulement contenté ains retracté et desdit entièrement. Ce qui doit, monsieur, suffire pour ne vous mettre aucunement en peine d'en recouvrer d'autres, mais adviser seulement quel digne seruice pourra naistre qui me puysse rendre digne de l'honneur de cette bienueillance, qui m'est plus chere que la prunelle des yeux (1), et tellement aduantageuse, que je suis extasié et muet aux remercîments et graces sortables et convenables. J'auray neantmoins à gré d'auoir vostre advis *sur les titres honnestes et non presomptueux, dont ie me doy seruir en la jouyssance de cette nouuelle qualité* (2), qui ne m'a pas esgaré d'un poulce de ma desmarche ordinaire, ny de l'espesseur du dos d'un couteau de mon train. En quoy je suyvray tout ce que vous m'en prescrirès de poinct en poinct, et comme on dit communement à l'ongle (3). Je desire encor apprendre si cette grace pourroyt estre accompaignée et fortifiée de celle de *l'exemption du service y requis*, attandu mon age incapable de le rendre, n'aspirant point autrement *aux gages* pour auoir si peu à viure, que peu de chose me suffit, preferant de bien loing l'honneur à l'utilité. Mais où suis-je de vous entretenir si facheusement en ces longs et rudes discours, comme si vous n'auiés autre chose à faire qu'à me respondre, et sortir de l'exercice de voz plus

(1) M. Littré n'a cité, pour cette locution proverbiale, qu'un auteur relativement aussi moderne que Le Sage, lequel dit dans le *Guzman d'Alfarache* : « Elle a une mère qui vous chérira comme la prunelle de ses yeux. »

(2) La qualité de gentilhomme ordinaire de la Chambre.

(3) C'est la traduction de l'*ad unguem*, qui pour les Romains signifiait tout ce qu'il y a d'achevé, d'irréprochable. On se souvient du mot d'Horace : *Ad unguem factus homo*, un homme accompli, parfait.

serieuses et dignes occupations. Excusés en aussy gracieusement ma passionée affection, que vous m'estes et gracieux et magnifique puisque de *dilecto nunquam satis*, mots aueq lesquels je clos et serre mon escrit, et vous ouure mon cœur entierement vostre et aux vostres que je salue tres humblement apres vous auoir encore une fois recommandé le manquement *de jeunesse de Gyraud*, et protesté deuant Dieu et les anges que je suis sans aucun fard de paroles, de cœur, d'ame et de deuoir,

Monsieur,

Vostre tres humble, tres obeissant, tres obligé et tres fidelle seruiteur,

NOSTRADAME.

P.-S. — Le sieur de Rez vous salue très humblement. Il sera à vous au premier jour, car il est vostre tres humble et tres obeissant seruiteur et de toute vostre maison.

A Sallon, ce iix may (8 mai) MDCXXIX.

XI

MONSIEUR,

Je ne respons pas à la vostre penultieme, à laquelle je veux faire une plus heroique responce; mais à celle que le sieur Ysnard, dattée du douze de ce mois, me rendit de vostre part. Il faut que j'auoue ingenument que l'ouurant à sa presence, je pensoy y rencontrer tout autre chose, que certain argent, qu'entre le rire et le desdain, et jugeant ce que c'en estoyt, je luy remis tout aussy tost sans le vouloir voir ny conter. En quoy il appaisa ma petite indignation l'acceptant sans difficulté. Là où il eut fait tant soyt peu l'honneste, j'auroy fait le courroussé; n'ayant pas le cœur si bas, ny reduyt à tant d'extremité, de prendre de luy, trente soulz dont la ville n'est pas plus riche ny moy beaucoup plus appauvry. Il desiroyt que je remplisse ma lettre de justifications en sa faueur, ce que j'ay creu superflu. Je change de clef et de ton, pour vous dire que je tien mon dernier poeme par la queue ; asses à mon contentement. J'espèr que vous l'aurez bien tost. J'ay attentifuement leu les vers latins de ces doctes personages que je loue d'une louange heroique et digne de leurs auteurs, je les vous renuoye avec mille remercimens, de tant d'honneurs et d'immerités aduantages : pour me rendre en quelque sorte capable, desquels j'espuyseray tout mon pouuoir, mais non pas qui vole beaucoup par dessus les forces,

Monsieur,

De vostre tres humble, tres obéissant, tres affectioné et tres obligé serviteur,

NOSTRADAME.

P.-S.— Mes tres humbles vœux accompaignés de mes tres humbles saluts, après ceux que je vous doy, à monsieur, madame de Vallauez et monsieur le baron sont icy tres humblement accompaignés de ceux du sieur de Rez qui sera à vous, si plait à Dieu, au premier jour.

A Sallon, ce xvj may MDCXXIX.

XII

MONSIEUR,

J'auay oublié à vous dire qu'outre que les formes de mon *Pline* (1) sont héroiques, il est *de la correction d'Hermolaus Barbarus* (2), la doctrine duquel vous est assés connüe *et de*

(1) On n'a pas conservé la lettre où Nostradamus a parlé pour la première fois du *Pline* qu'il vante ici avec tant de complaisance.

(2) Hermolaus Barbarus ou Ermolao Barbaro naquit à Venise le 21 mai 1451 et mourut à Rome, de la peste, à l'âge de 39 ans, le 14 Juin 1493. Ses observations critiques sur le texte de Pline parurent sous le titre suivant : *Castigationes Plinianæ Hermolai Barbari, Aquilensis pontificis* (c'est-à-dire patriarche d'Aquilée), *Rome*, 1492, in-f°. Je me demande si le vieux *Pline* de Nostradamus n'était pas celui de 1518, in-f°, qui est enrichi des corrections de Barbaro. Voir la description qu'en donne le *Manuel du Libraire* (t. IV, col. 715).

plusieurs autres excellents personnages qui ont cultivé ce tant ample et spacieux champ de son *Histoire naturelle*, qualité qui accompaignée de mon affection lui fait mériter quelque rang parmi vostre exquise Bibliothèque : *J'ay aussy achevé ma troisième pièce, elle vaut mieux que les deux et contient autant* qu'elles ensemble, assauoir *huit cens vers*. Je désire de la voir au jour, mais non à voz despens mais aux miens ; si tant est que ce qui ne m'est jamais arriué ni m'arriue scauoir de donner de l'argent aux imprimeurs, pour des poemes qui sont autres que chansons, que rymes simples et qu'à la mode. Je la mets au net et tout aussy tost je la vous envoyeray et si je puis *les vers funebres*, l'un de mes plus chéris et heroiques enfans. Cependant aymés moi toujours et ayés en recommandation le sieur *Gyraud*, le pere duquel est le pourteur de ces mots, s'en allant pour traitter d'appointemens avec ses parties. Je clos celle cy par mes ordinaires vœux et tres humbles recommandations à tous les vostres et par l'assurance inviolable d'estre æternellement,

Monsieur,

Vostre tres humble, tres obeyssant, tres fidelle et tres obligé serviteur,

NOSTRADAME.

P.-S. — Le sieur de Rez vous salue ; il sera à vous au premier jour.

Ce XXV may MDCXXIX.

XIII

Monsieur,

Je croy que monsieur l'Escuyer de Grignan, mon nepveu (1), vous ayt rendu une de mes lettres et la troisième pièce de la Rochelle, dont j'attends vostre jugement, afin que si elle n'est

(1) Nous avons vu, dans l'*Avertissement*, que César Nostradamus avait épousé Claire de Grignan. L'*Écuyer* était donc le fils d'un frère de madame de Nostradame.

digne ni du Roy ny du jour, elle demeure supprimée ; je me promets cette faveur de vous et encor si je doy y mettre la nouvelle qualité de gentilhomme ordinaire, attendu que je n'ay en effait presté serment aucun, ainsy que parle le breuet, ce *qui pourroyt justement m'estre* mis au devant des yeux sans que j'eusse bouche à respondre au contraire. C'est pourquoy à vous comme à un souverain juge (à tant qu'il vous plaise mettre à part l'excès de vostre amitié en mon endroit) j'en remets l'arrest définitif. Or j'*escrivis tant à la haste, que j'oubliay* d'y mettre ces derniers vers que je vous envoye qui sont pour mettre à la fin de l'œuvre comme je le marque particulierement par la coppie que vous en treuveres dans cette cy. Que si vous ne les trouuiés à propos, vostre advis me servira d'une souveraine loy. Comme en toute autre chose je me conformeray toujours non seulement à vos sains advis, mais à voz commandemens, puisque je suis et veux estre aussy bien que de tous les vostres à jamais,

Monsieur,

Vostre tres humble, tres obéissant, tres affectionné et tres obligé *serviteur*,

NOSTRADAME.

P.-S. — Je recommande la correction et l'orthographe non alterée, au moins aux rymes, à l'imprimeur. Le sieur de Rez, qui vous salue, vous verra bien tost, Dieu aydant. Le *Pline* est fort pesant (1).

A Sallon, ce xi juin MDCXXIX.

XIV

Monsieur,

Le soin que vous prenés journellement, pour ce qui regarde l'auantage de mon honneur et de l'æternité de mon nom, excède toute médiocrité de vostre costé, et toute sorte de

(1) Si c'était, comme je le crois, le *Pline* de 1518, il devait, en effet, peser beaucoup, car il y a là deux tomes en un énorme in-folio.

mérite du mien : Et puisque ce ne m'est une petite gloire d'estre ainsy suraduantagé, je ne croiray point pouuoir jamais estre accusé d'incivile et noire ingratitude ; de n'en estre aussy reconoissant que j'en auroy le désir, aussi bien que l'obligation ; puisque mesmes vos loix sacrées rejettent les conditions infaisables et impossibles. Vostre laquay m'a surpris sur mon souppé, avec merveilleux contentement d'auoir de vos nouuelles, pouuoir lire vos précieuses lettres, qui ont aussy clos ma bouche au manger qu'ouvert les yeux à leur lecture, resjouy l'esprit et servi de secondes tables tres delicieuses et delectables à mon ame. J'ay, apres ce gracieux plaisir, leu d'un bout à l'autre les premieres feuilles de mon troisieme poeme, que j'ay trouué fort nettes et bien correctes, n'y ayant remarqué qu'une seule faute notable tout au plus à la page septieme, vers xxvij, où il y a *corps*, pour *cors* d'esmeutte felone, et ce verbe *soyent* pour *soynt* : car le vers requiert en tel cas une telle orthographe à raison qu'il semble que cette vieille facon ayt deux syllabes, là ou *soynt* n'en a jamais qu'une seule, et une terminaison beaucoup plus douce et gracieuse à prononcer. Ce que tous ceux qui escriuent plus tersement (1) observent religieusement et à tous les autres verbes de consonance pareille. A tant qu'il pourra suyvre et observer cette regle. Que si bien je suis grandement superstitieux à la droitte façon d'escrire ou de l'orthographe, si scay je pourtant que rien n'argüe tant la capacité ou l'ignorance de l'escriuain, que cela. Mesme que j'en ay remarqué de si lourds oublys à des personages de longue robe, que leur ignorance m'a fait pitié, usans indifferamment d'un *s* pour un *c* et d'infinis autres defauts que je ne puis souffrir à des hommes de quelque bruit (2). Tant y a, Monsieur, que *j'ay veu ces*

(1) Cet adverbe n'a pas été recueilli dans le *Dictionnaire de Trévoux*, mais on y trouve le verbe *terser*, frotter, et, sans doute, par extension, polir. On voit par là ce qu'exprime le mot *tersement*.

(2) *Bruit* est là pour *renommée*. Je n'en aurais pas fait la remarque, si l'expression employée par Nostradamus ne m'avait paru nouvelle pour l'époque. Aucun des exemples fournis par M. Littré ne remonte aussi

Messieurs dont vous m'escrivés : estant adverti par un gentilhomme qu'ils venoynt chez moy, ce qui me fit les aller prevenir et les rencontrer en chemin à demi de mon logis et du leur, où je les accompagnay et les entretins durant leur souppé, apres infinies supplications de le prendre auec eux, et les auoir assuré que mon estomac estoyt incapable de deux repas. Je leur donnay une des coppies dont vous m'auies honoré, pour ne me montrer entierement et doublement rustique et mesconoissant à tant de faveurs de telz et taut excellens seigneurs : ou je croy que vostre seule recommandation rehaussa ce peu qui est de louable en moy, et luy donna quelque poids. C'est ainsy que font les ames illustres et genereuses à l'endroyt de ceux qu'elles ayment et tiennent en quelque estime : J'eusse, au demeurant, donné fort volontiers le *Pline* à vostre laquay, mais le fardeau est si lourd, que je n'ay pas eu le courage d'en charger ses faibles épaules, quoy qu'il eut assés de courage de s'en charger. Mais ma discretion a preualu ; je prendray neantmoins au poil la premiere occasion (1) qui s'offrira à mon désir. Au pis aller le sieur de Rez, que je manderay à Aix pour quelque mien affaire, en sera bien tost le fidelle porteur. Je vous renuoye cepandant vos cayers, afin qu'ils soynt accompaignés des derniers : et à la mienne volonté que j'eusse le *volume escrit de ma propre main que Monseigneur de Guyse a et qui luy est dedié, contenant quinze ou seize mille vers de Poemes divers, Odes lyriques et divers Panegyriques du Roy, et de luy,* car je ne plaindroy point quelques pistoles à l'imprimeur pour les voir au jour (2). Partant je ne croyray point

haut dans le XVIIe siècle. Le premier de ces exemples est tiré du *Cid.* Les exemples précédents sont empruntés à Jacques Amyot, à Bonaventure des Périers, à Marguerite de Navarre et à Rabelais.

(1) Agrippa d'Aubigné a dit dans ses *Mémoires* : « Ce prince curieux prit cette occasion *au poil.* » Rapprochons-en cette variante beaucoup plus usitée, surtout depuis qu'elle a été mise à la mode par l'*Avare* de Molière : « C'est une occasion qu'il faut prendre vite *aux cheveux.* »

(2) C'était une suite au recueil de 1608, dédié aussi au duc de Guise : *Pièces héroïques et diverses poésies.*

mal à propos, que vostre Seigneurie luy en ouvre mon desir et ma resolution ; je m'assure qu'il le trouvera bon, puisqu'il y va de l'æternité de son nom et de la gloire de ses heroiques gestes et si je ne doute point que vostre entremise ne porte coup : attandu que ce Prince fait quelque cas de mes poesies, qui sont quelque chose plus que rymes, si la vanité ne m'emporte et si vous me croyés tel. Je n'auray jamais la main lasse de vous escrire, mais je crain et de vous lasser et de vous ennuyer, ce qui me fera jetter l'anchre au bord, et espargner ma mauuaise encre (1) pour vous donner mille saluts, mille vœux de benedictions : *et laysser a vostre choix le tiltre de mon Poeme* tout tel que vous l'ordonnerés sans reserue : Quoy que je craigne qu'on ne blasonne ce nouueau tiltre, comme un part monstrueux et précipité. Si que sans mentir je me contenteroy du mien ordinaire, si vostre advis et vostre conseil ne me seruoyt d'une irreffragable loy. Laquelle suyuant je ne puis faillir, ny courir aucune fortune au prejudice de mon nom ny de ma reputation. Dieu vous benisse de ses plus precieuses benédictions et rende digne de vostre bienvueillance,

Monsieur,

Vostre tres humble, tres obeissant et tres obligé serviteur,

NOSTRADAME.

P.-S.— Je salue de mes tres humbles et tres affectionnés

(1) Pardonnons à Nostradamus ces jeux de mots qui, près de deux siècles plus tard, devaient être recommencés par un homme d'infiniment d'esprit, M. de Martignac. Je demande la permission de citer ici un petit récit que j'ai jadis publié dans la *Revue d'Aquitaine* (1865, *Glanures*, chap. IX, p. 433) : « Présidant, un jour, le collège électoral de Marmande, le futur ministre, qui avait autant de méridionale vivacité dans ses gestes que dans sa parole, renversa une écritoire. Un autre aurait été confus de cette maladresse ; pour lui, il sourit et, montrant le noir liquide répandu sur le bureau, il dit à ceux qui l'entouraient : Ah ! Messieurs, que l'on est bien ici, et comme il fait bon y *jeter l'ancre !* »

saluts madame de Vallavez et tout ce qui la regarde. Je me souuien d'elle (1).

A Sallon, ce XXIIX juin MDCXXIX.

XV

MONSIEUR,

J'estime vous auoir adverti par ma dernière lettre de la qualité de mon *Pline*; il n'est point entièrement indigne d'avoir rang parmi les vostres. Son desir et le mien s'y accordent. J'ay eu l'honneur d'aller rendre le bonsoir à monsieur de Vallavez pour celuy qu'il m'a mandé par son laquai. Vous scaurés *que j'ai achevé seulement ce jourd'huy de mettre au net ma troisieme piece qui m'a emporté jusques huict cens quarante vers*, m'estant serui du narré de l'imprimé du gentilhomme de Marseille : *Je ne scay à qui je puis mieux dedier l'Epitre qu'au Roy* mesmes, toutefois votre advis me seruira de loy en cela comme en tout autre autre chose : *Si elle pouuoit voir le jour pour la Feste Dieu, je croy que* l'imprimeur s'y pourroyt garder de perte, attaindu le concours d'hommes qui se rencontrera dans Aix. Je suis affamé (2) de scauoir en quel estat est vostre santé, que je vous desire entière et parfaite auec la mesme affection que vous m'aymés et que je suis et veux estre à jamais, apres vous auoir donné le bon soir de tout mon cœur et mille saluts à vous et tous les vostres,

Monsieur,

Vostre tres humble, tres obeissant et tres fidelle serviteur.

NOSTRADAME.

(1) Pour le tableau qu'il lui avait promis.

(2) Joseph Scaliger, écrivant, le 21 juin 1582, à son ami Claude Du Puy, conseiller au Parlement de Paris, lui annonce que « monsieur d'Abain jamais ne fust *si affamé* des bonnes lettres qu'il est à present. » Voir la note mise sous ce passage, dans mon recueil des *Lettres françaises inédites de Joseph Scaliger* (1880, in-8°, p. 129).

P. S. — Monsieur de Rez vous salue de ses tres humbles saluts.

A Salon, ce premier juillet, à huit heures du soir, de l'an MDXXIX.

XVI

Monsieur,

Mon intention n'a jamais esté de destourner d'un seul instant la moindre de vos serieuses occupations et deuoirs, pour l'employer au soin de mes resveries: mais de m'entretenir sans plus à vostre souuenir, et dans le comble de vos bonnes graces, et de la continuation de vostre plus que tres precieuse bienveillance. Je vous diray candidement que ce troisieme *poeme*, *auquel* je n'ay trouvé que deux ou trois defauts de l'imprimeur *n'a point contenté mon esprit*, *ny satisfait mon genie*, qui quasi l'a desauoué, comme n'estant bastiment digne de loger un roy. *Je le supprimeroy volontiers:* si vostre conseil respondoit à mon sentiment, et si vous le trouviès peu digne de uoir le jour soubs mon nom, que peut estre il obscurcira: d'autant qu'une seule faute couvre souuent beaucou de gloire: quoy que ce soyt iniquité de faire tel jugement de ceux qui ne sont pas des anges. Ce qui me fait vous conjurer par cette parfaite sincerité, dont vous m'aymés et m'estimés, de me conseiller franchement, ce que je doy apporter pour garantir ma renommée des traits des enuieux repreneurs, qui scauent beaucoup mieux mesdire que bien faire (1) quoy que les plus excellens personages tant des vieux ages que des recents soynt tombés en

(1) C'est le mot attribué à Zeuxis au sujet d'un de ses tableaux qui représentait un athlète: *On le critiquera plus facilement qu'on ne l'imitera.* Nostradamus avait dû trouver cette citation dans le vieux *Pline* dont il a si souvent entretenu son correspondant. Voir l'*Histoire naturelle* (livre XXX, ch. x). Conférez l'article *Zeuxis* du *Dictionnaire critique* de Bayle où l'on verra que, selon une version moins probable, ce mot aurait été inscrit sur un des tableaux d'Apollodore, et où l'on

pareils defauts pour autant qu'ils estoynt hommes (1). Que si je ne vous suis une importunité insuportable et pesante, *j'auray à plaisir que les vers funebres que j'auoi faits sur la mort de madame la princesse de Dombes voyent le jour, mon genie les approuve, et croy que les envieux n'y trouveront pas beaucoup à ronger.* Je les mets au net pour apres les vous enuoyer, et y porter vostre jugement. Quant au tiltre de gentilhomme ordinaire de la chambre du Roy, je ne scay s'il sera un peu trop nouueau de plusieurs à qui les bonnes viandes viennent souuent en desdain, et si vous trouvés à propos qu'il fut ainsy *par C. de N. gentilhomme prouençal et ordinaire de la chambre du Roy*. Ce qui adoucira en quelque sorte cette nouuelle qualité, honorable de vray, quoy que sans aucun profit, si vostre faueur et vostre credit ne me les procurent, comme elles m'en ont obtenu le breuet. Si par cette mesme autorité que vous possedés, la noblesse me vouloyt payer mes deux cens escus (2), ce me seroyt un grand et favorable secours sur la foiblesse de mes ans et de mes moyens, lesquels sont de vray tres petits et de petit reuenu. Si que sans les bienfaits de Monseigneur, je n'auroy pas toujours tous mes ayses ny tout ce qui me fait besoin. Quoy qu'à vray dire Dieu ne m'abandonne pas, ny ne m'a jamais laissé tel. A la mienne volonté que ma foiblesse me permit de vous aller voir, et me resjouyr avec vous l'espace de quelques jours. Cependant j'ay receu un singulier contentement que le *Pline* vous contente. Je n'ay rien qui ne soyt vostre jusques à mon propre cœur, qui n'est reserué qu'à

verra aussi que Ronsard traduisit pour ses *Franciades*, l'*Invisurum facilius quam imitaturum*, en ces deux vers :

Il est bien aisé de reprendre,
Mais mal aisé de faire mieux.

(1) Allusion au mot de Quintilien : *Summi sunt, homines tamen.*

(2) Il a été déjà question de ces 200 écus dans une précédente lettre. La date de celle-ci montre que Nostradamus dut passer de vie à trépas, sans avoir vu jamais arriver ces retardataires.

Dieu seul en un souuerain degré. Et d'autant que je doy quelque dévot souuenir aux courtoysies de *madame de Vallavez*, je lay enuoye soubs vostre permission *une petite* piece de *Notre Dame* qui la fera souuenir de mon nom quelquefois en ses oraisons (1). Et comme je la salue de mes tres humbles et tres affectionnées recommandations apres que Monsieur de Vallavez, monsieur le Baron et vous en aurés pris vostre part. Je finiray auec mille vœux de benediction à toute vostre tres noble famille, pour continuer à me dire à juste tiltre et jusques au dernier souffle de ma vie,

Monsieur,

Vostre tres humble, tres obeissant et tres obligé serviteur,

NOSTRADAME.

P. S. — J'ay retenu cet exemplaire où j'ay marqué cette seule et seconde faute (page 30, vers 29), *qui rend Mattée Auguste* (2) : Id est Turin *et le duc de Sauoye.*

Comme monsieur de Rez, qui est tout malade, vous donne par ma plume mille tres humbles dévots saluts, j'auray à faveur que par vostre rencontre, monsieur Remy et le sieur Borrilly (3) soyent tres humblement saluez de ma part.

A Sallon, ce XXVI juillet CIↃIↃCXXIX.

(1) C'était évidemment quelque miniature représentant la Sainte Vierge, et destinée à rappeler à la belle-sœur de Peiresc, tout à la fois la *Nostre-Dame* qu'il fallait prier, et le *Nostre-Dame* pour lequel il fallait prier.

(2) La ville de Turin s'appelait autrefois *Augusta Taurinorum.*

(3) Boniface Borrilli, notaire à Aix de 1591 à 1648, avait formé une collection de tableaux et d'objets de curiosité, qui fut célèbre, et que Louis XIII voulut visiter (1622). Voir, au sujet du cabinet de cet antiquaire, la *Notice sur la bibliothèque d'Aix*, par M. Rouard (p. 77), et les *Aperçus littéraires* de M. Mouan (p. 45). La correspondance de Peiresc avec Borrilli, imparfaitement publiée dans le *Magasin encyclopédique*, sera reproduite, d'après les autographes de la Bibliothèque Nationale, dans le grand recueil que je prépare. Ce fut à Borrilli que Peiresc laissa par son testament le portrait de Rubens, dont il va être parlé dans la lettre suivante.

XVII

Monsieur,

Le plaisir de vos parterres vous possede tellement (1) qu'il vous oste entierement le souuenir de vos amys et plus affidés serviteurs. Cette occupation me fait souffrir gracieusement de cet oubly, croyant que sans elle le sieur de Gallaup, mon cousin (2), ne seroyt point venu sans trois mots de vostre main, pour m'assurer toujours de la continuation de la bienveillance, dont il vous plait me rendre et m'estimer plus digne qu'aucune sorte de mérite dont je me reconoysse doué, tant y a que je vous esueille et vous somme de donner quelque intermission à ce champestre ravissement, et quelques heures à ceux qui vous honnorent à mon égal : J'ai appris que vous auez receu le pourtrait de monsieur Rubens (3) de sa propre

(1) On sait combien Peiresc aimait les fleurs et avec quel zèle il les cultivait et les faisait cultiver. Son jardin de Belgentier a été un merveilleux jardin d'acclimatation, et je ne sais comment les ingrats botanistes n'ont pas encore donné à la plus belle de leurs nouvelles fleurs le nom de *Peiresca*.

(2) Voir sur la famille de Galaup-Chasteuil un article fort détaillé dans le *Morêri* de 1759 (t. V. p, 23). On y cite sur cette famille l'*Histoire de Provence* de Nostradamus, la *Vie de Peiresc* par Gassendi, et beaucoup d'autres ouvrages. On y rappelle que le premier des Galaup, qui du Languedoc vint s'établir en Provence à la fin du XVe siècle, avait un de ses frères à Agen, nommé Jacques de Galaup. Je ne laisserai pas passer le nom d'Agen sans ajouter que le père de César habita pendant quatre années cette ville, où il exerça la médecine, où il se maria, où il eut deux enfants qu'il perdit presque dès leur naissance, où il vit aussi mourir sa femme, et qu'après tant de malheurs il quitta pour aller s'établir en Provence.

(3) Pierre-Paul Rubens était alors agé de 52 ans. Sur ses excellentes relations avec Peiresc je ne citerai que le plus récent des livres où ce sujet a été traité : *Pierre-Paul Rubens. Documents et lettres publiés et annotés par* Ch. Ruelens, conservateur des manuscrits à la Bibliothèque royale de Bruxelles (*Bruxelles*, librairie Muquardt, 1877, in-8° de 158 pages).

main (1), sur quoy, admirant ce personage et sa réputation, j'ay fait le sonnet que je vous euuoie ; que si vous l'estimés digne de luy et de moy, vous luy ferés tenir avec mes tres humbles recommandations : n'estant pas chose nouvelle que la vertu nous face aymer et admirer, ceux que nous n'avons jamais veus. A tant je vous salue tres humblement et tous les vostres auxquels je suis, ainsy qu'à vous d'âme, et de cœur,

Monsieur,

Vostre tres humble, tres obeissant, tres affectionné et tres obligé serviteur,

NOSTRADAME.

(1) Non pas de *sa propre main*, mais de la main d'Antoine Van-Dyck. Voir, dans l'ouvrage de M. Ruelens (p. 81,82) divers renseignements sur le portrait de Rubens célébré par Nostradamus. On y voit que « selon M. de Chennevières », dans ses *Recherches sur la vie et les ouvrages de quelques peintres provinciaux de l'ancienne France* (1847, t. 1, p. 7), ce portrait de Rubens se trouvait, à cette époque, chez M. Roux-Alpheran, à Aix. Je suis heureux de pouvoir reproduire ici une note que je dois à l'amabilité d'un savant confrère que j'ai déjà eu l'occasion de nommer avec reconnaissance, M. L. de Berluc-Perussis, note qui résume parfaitement toute l'histoire du célèbre tableau : « Quant au portrait de Rubens par Van-Dyck, il est toujours dans le cabinet Roux Alphéran, appartenant aujourd'hui à son gendre, M. de Lalauzière. Il avait passé des Borrili aux Fabri-Borrili. Le dernier de ceux-ci put le conserver, pendant la Révolution, grâce à la présence d'esprit d'une servante, qui, sachant le prix que son maître y attachait, et voyant arriver des commissaires chargés d'inventorier ses meubles, détacha la toile de son cadre, la roula et jeta le rouleau dans un coin. M. de Fabri légua plus tard ce trésor à M. François Bermond, conseiller à la Cour d'Aix, mort en 1842, de qui M. Roux-Alpheran le tenait. La généalogie de ce tableau est attestée par les *Curiosités de la ville d'Aix* de De Haitze, p. 61, et par les *Rues d'Aix* de Roux-Alphéran, t. I, p. 344. Voir aussi les *Lettres inédites de Pierre-Paul Rubens*, lettres 74 et 77. Dans la première de ces lettres, il est question d'un emballage hâtif du portrait à peine achevé, et M. de Lalauzière explique par cette circonstance que le tableau ait poussé au noir outre mesure. Par bonheur, la figure a gardé toute la netteté de ses admirables détails. Ce *Van Dyck* a été gravé par Savery. Il en existe un double (ou une copie) au Louvre, et un autre à Aix dans le cabinet du baron de Saint-Marc. »

P.-S. — Le sieur de Rez vous salue tres humblement.

A Sallon, ce xxijj août MDCXXX [*sic* pour XXIX] (1).

XVIII (2).

MONSIEUR,

Comme la memoire défaut aux vieillards, j'ay oublié à vous donner advis si vous auriés à plaisir d'achetter *un vase d'alebastre* (3) d'enuiron trois pans de hauteur avec son ventre proportionné à sa hauteur et goderonné (4), mais moderne. Le maistre qui est le sieur *Cartier* de cette ville et qui est en besoin d'argent, et voudroyt s'en ayder, m'a prié de vous en escrire, et en scauoir vostre intention, ou si à vostre reffus le sieur Bourrilly (5) le voudroyt achetter. Ce sera un œuvre de charité, car je vous puis assurer qu'encor que je sois pauvre il est encor plus que moy chargé de femmes et d'enfans, plus que de commodités. Je vous envoye les vers satyres du gentilhomme que j'ay leües et releües avec attention et plaisir. Le *sieur de Rez*, qui vous salue tres humblement, désire de vous faire présent du livre *des funerailles du duc de Lorraine Charles.* C'est une tres digne et remarquable pièce, tant pour les tailles que pour le discours latin (6). C'est toute la récom-

(1) Le chiffre 1630, comme le chiffre 1610 inscrit dans la seconde des lettres que l'on vient de lire, est évidemment le résultat d'une inadvertance. Nostradamus, écrivant *deficiente manu*, a oublié de tracer, entre les deux derniers X, le trait qui aurait changé 1630 en 1629.

(2) Cette lettre, qui n'est pas datée, est placée au milieu de lettres qui sont toutes de l'année 1629.

(3) Nostradamus, en écrivant *alebastre*, est fort en retard ; car, même en plein XVIe siècle, on disait déjà souvent *albatre* au lieu d'*alebastre*.

(4) M. Littré n'a pas indiqué ce précurseur de notre mot *goudronné*.

(5) L'archéologue Borrilli déjà mentionné.

(6) *Pompa exequiarum Caroli III, ducis Lotharingiæ* (*Nancy*, 1608, in-f°). Charles III, dit le Grand, naquit à Nancy, le 18 février 1543, et mourut en cette ville le 14 mai 1608. On l'enterra dans l'église du monastère des Cordeliers.

pense que ce pauvre rapporta du voyage de Lorraine, *quand il alla porter de ma part à son Altesse d'aujourduy* (1) *mon Hippiade* (2) *contenant dix-sept livres en dix sept mille vers à l'honneur de cette maison*, dont je ne receu pour un *travail de vingt-cinq ans* et plus et pour le plus héroïque, docte, varié et poli de mes enfans, qu'une belle lettre et une chaine de cent pistoles (3). Ce sont les bonnes fortunes de

Vostre tres humble, tres obeissant et tres obligé serviteur,

NOSTRADAME.

XIX (4)

MONSIEUR,

Ne vous estonnés pas si la memoire se debilite (5) en un

(1) Charles IV, fils du duc de Lorraine François II et petit-fils de Charles III, naquit le 5 avril 1604, succéda en novembre 1624 à son père qui avait abdiqué en sa faveur, et mourut le 18 septembre 1675, ayant, suivant l'expression des auteurs de l'*Art de vérifier les dates*, mené, *avec des qualités de héros, la vie d'un aventurier*.

(2) *L'Hippiade ou Godefroi et les chevaliers. Au sérénissime Charles, duc de Lorraine*. Manuscrit autographe in-4°. Voir, sur ce manuscrit que possédait Charles Nodier et dont le possesseur actuel est ignoré, une vive et spirituelle notice dans les *Mélanges tirés d'une petite bibliothèque* (*Paris*, 1829, in-8°). L'abbé Goujet (t. XV, p. 216) en avait dit quelques mots d'après ce que Nostradamus en avait dit lui-même en tête des *Pièces héroïques*.

(3) Une chaîne de mille francs pour 17,000 vers ne représentait guères plus d'un sou par vers, et franchement Nostradamus avait bien raison de dire que ce n'était pas payé.

(4) Cette lettre qui, comme la précédente, n'est pas datée, a été écrite en 1629, comme le prouve l'âge que, dès la première ligne, s'attribue Nostradamus.

(5) M. Littré n'allègue, sous le mot *débiliter*, aucun auteur du XVIIe siècle. Les citations où figure ce mot, proviennent toutes d'écrivains qui appartiennent aux trois siècles précédents. Les rédacteurs du *Dictionnaire de Trévoux*, reproduisent cette phrase de l'académicien Perrot d'Ablancourt : « Il croyait qu'un souvenir si funeste *débiliterait* le courage des soldats. »

viellard de septente-six ans (1). Je le di pour auoir oublié à vous assurer par ma dernière du xxvie que je suis bien loin *de supprimer ce que j'ay dedié tant à monsieur de Monts* (2) *qu'à vous. Quià quod laudavi semel vituperare non possum*, respondit tres sagement Dolet (3) à un qui le persuadoyt d'escrire contre un ingrat qu'il avoyt auparavant honorablement traité. Or, ne suis-je pas en ces termes, ains d'avoir fait mes dedicaces à des gentilzhommes tres vertueux et tres meritans, mes singuliers bienveillants. Outre que Ronsard en a ainsy usé en infinis poemes dediés à des particuliers (4), le tout dedié ou à vostre Roy ou à la Reyne, et Lilius Gyrarldus (5) à son livre *de dijs gentium*, distingué par xvij syntag-

(1) L'indication que nous fournit ici Nostradamus, ne concorde pas avec celle que donne l'abbé Goujet (*Bibliothèque française*, t. XV, p. 219) : « S'étant retiré à Saint-Remy, petite ville de Provence, à quatre lieues d'Arles, il y fut attaqué par la peste, qui l'enleva de ce monde, à l'âge de 74 ans. » Si Nostradamus ne s'est pas vieilli d'un an, il faudrait mettre sa naissance en 1554, et expliquer les *septente-six ans* dont il parle par l'*entrée dans la 76e année*. Il y a si loin quelquefois de l'âge commencé à l'âge révolu !

(2) Faut-il identifier ce *M. de Monts* avec un *M. de Mons*, ami et correspondant de Peiresc, et parent du chevalier de Forbin, dont il est question dans *Une lettre écrite d'Agen à Peiresc en* 1628 (par Dubernard), p. 72.

(3) Etienne Dolet, brûlé à Paris, sur la place Maubert, à l'âge de 37 ans, le 3 août 1596, jour anniversaire de sa naissance.

(4) Pierre de Ronsard dédia les *Amours diverses* à *très vertueux seigneur N. de Neufville, seigneur de Villeroy*, plusieurs de ses odes et autres pièces au chevalier Michel de l'Hospital, aux secrétaires d'Estat Florimond Robertet, seigneur d'Alluye, et Florimond Robertet, seigneur de Fresne, à Charles de Pisseleu, à M. de Verdun, secrétaire et conseiller du Roy, au secrétaire d'Estat Jean de Thier, sieur de Beauregard, à Henri de Lorraine, duc de Guise et pair de France, à Hurault, sieur de la Pitardière, à Robert de la Haye, maître des requêtes de la reine de Navarre, au cardinal de Lorraine, à Claude de l'Aubépine, etc.

(5) Lilio Gregorio Giraldi, né à Ferrare le 14 juin 1479, mort dans la même ville en 1552, de cette même maladie dont souffrait parfois, nous l'avons vu, César Nostradamus, et dont l'auteur des *Centuries* avait aussi beaucoup souffert, de cette maladie dont je prie le Ciel de préserver tous mes lecteurs, la goutte, *puisqu'il faut l'appeler par son nom*. Voir l'éloge qu'a fait de Giraldi le président de Thou dans sa grande histoire, à l'année 1552, et les additions d'A. Teissier.

mes ou discours et classes (1), car le mot sonne cela, chasque piece est dediée à personages diuers ses amys et tout le corps du liure à Hercules second du nom duc de Ferrare duquel il estoyt vassal (2). Et, partant, monsieur j'ay à gré et ne pretens point que ces dedicaces soynt aucunement alterées : bien que le tout soyt dedié au tres juste, tres auguste et victorieux Louis XIIIe. *Quant aux fautes*, je n'en ay *remarqué* que *trois*. Scauoir, *page* 7e, *vers* 27, là où au lieu de *corps* il faut lire *cors* d'esmeutte felonne. En la *page* 29, vers cinquiesme, au dernier mot du vers, au lieu *descloche*, il faut lire *esloche* (3) qui est autant que *exlocare* ou *elocare*, et finalement, en page 30, *vers* 29, *mattée Auguste*, *id est* Turin en Savoye et non *maltée* qui ne signifie rien. Qui est auec regret que je vous vois employer à mes resveries. Pour ce qui est du tiltre de *gentilhomme ordinaire*, etc., je crains qu'on ne trouve cela si nouveau qu'il m'apporte plus d'esbahyssement que de louange à plusieurs, et à moy peu d'auantage ; estimant que ce peu de lustre que mon geniteur (4) me laisse ne me soyt vain, et qu'il ne despende que de cette qualité. Tant y a que je vous fay le juge souue-

(1) *Historia de diis gentium, xvij syntagmatibus distincta* (*Lyon*, 1555, in-8°).

(2) Hercule II, fils aîné du duc Alfonse et de Lucrèce Borgia, naquit le 4 avril 1508, épousa, le 28 juin 1528 à Paris, Renée de France, fille de Louis XII et d'Anne de Bretagne; succéda, le 31 octobre 1534, à son père, et mourut le 3 octobre 1559. Renée de France, la douce et généreuse protectrice des gens de lettres, combla de ses faveurs Lilio Gregorio Giraldi.

(3) Je trouve dans le *Dictionnaire de Trévoux* : « *Eslocher* ; vieux mot : tirer de son lieu. »

(4) Ce synonyme du mot père n'est indiqué dans le *Dictionnaire* de M. Littré, que comme terme du style burlesque. Aucun emploi de l'expression n'y est signalé. On voit qu'en somme, les lettres de Nostradamus apportent une assez bonne contribution au recueil des vieux mots de la langue française.

rain de ce doubte : et ne veux qu'ensuyure, en tout, vostre loy et demeurer à jamais,

Monsieur,

Vostre tres humble tres obeissant et tres obligé serviteur.

NOSTRADAME.

P. S.— Saluts tres humbles à tous les vostres comme fait le sieur de Rez.

J'auray à singulier contentement de scauoir partie des particularités que vous desiriez de me communiquer si ma bonne fortune eut ordonné vostre chemin par nos murs. On dit qu'il va mal en Arles (1).

(1) C'est-à-dire que la peste y fait de grands ravages.

APPENDICE

I (1)

Monsieur mon Nepveu,

J'ay appris que vous estes a Aix, non par vos lettres, car vous m'en estés chiche et avare, mais par l'un de vos amis qui vous vit dans le Palais. Je vous pardonne ce deffault et en impute le manquement à l'exigence de vos affaires, non à vostre peu d'affection. *Cependant pour un grand besoing et important qui m'en est survenu et qui regarde l'honneur de vostre grand-père et le mien encore auquel vous aurez bonne part*, j'ay cherché en vain le *livre des nativités que j'estime que vous ayez*, vous suppliant et vous conjurant par le pouvoir que le droict de nature et du sang me donne sur vous, *que le plustost et le plus fidellement que vous pourrez vous le remettiez entre les mains de monsieur le conseiller de Peiresc* qui me le fera tenir fidellement, *d'aultant qu'en son Histoire des hommes illustres* (2), *il y veut haultement celebrer vostre grand pere et moy*, qui vous tiens aujourd'huy lieu de pere et vous ayme comme pere et me tenant trez asseuré que vous n'y manquerez aulcunement, attendant vostre response joincte à

(1) Cette lettre, ainsi que la suivante, est une copie qui fut probablement envoyée à Peiresc par Nostradamus, le jour où il lui annonçait qu'il venait d'écrire à son neveu.

(2) Quel dommage que Peiresc n'ait pas publié cette *Histoire des hommes illustres*, que personne ne pouvait écrire avec plus d'autorité que lui !

l'execution d'une chose si raisonnable et importante, je veux estre et demeurer,

Monsieur mon nepveu,

Vostre meilleur et plus affectionné oncle et serviteur,

NOSTRADAME.

A Sallon, ce XX mars MDCXXIX.

Et au-dessus est escript: A Monsieur, Monsieur de Seva, Escuier, mon nepveu, à Aix, ou là ou il sera.

II

Monsieur de Seva mon nepveu,

J'ay apprins le beau mesnage que vous vouliez faire aux despens de l'honneur de vostre grand père du volume des Epistres latines où il y a quelque chose de retranchable et suspect que je ne vouldrois poser tout mon bien que vostre dessein eust reussy; le livre est entre mes mains, et ne pensois point que vous l'eussiez, car je l'ay cherché plus de trois jours; faictes en vostre dueil et si vous voulez que je demeure tel que je vous ay esté jusques icy, n'y pensés jamais, car homme vivant ne le verra. Contentez vous de ceux que vous avez eu. Au surplus vous avez osé fascher monsieur de Peyresc auquel vous estes obligé et moy, son debiteur tout à faict. Je vous supplie ne prendre point la peine de venir en cette ville. Car je suis tellement incapable de visites que je me contenteray de vostre souuenir et de recevoir de vos lettres. Cependant que je prieray Dieu pour vous, je demeureray,

Monsieur mon nepveu,

Vostre meilleur et plus affectionné oncle,

NOSTRADAME.

A Sallon, ce XXVIJ. mars MDCXXIX.

Et au-dessus est escript: A Monsieur, Monsieur de Seva mon nepveu.

31 Dout 5

III

AU TRES EXCELLENT ET DIVIN RUBENS

Sonnet

Si soubs le firmament et la grande ceinture
Par où chasque'an Phœbus les douze signes fait,
Se voit quelque mortel si digne et si parfait,
Que l'on doive tenir, pour Dieu de la peinture :

Rubens, ange plustost qu'humaine créature,
Miracle de cet age, est l'unique en effait,
Qui veut que son labeur estonne la Nature,
Bien plus vif et parlant, que vif et contrefait.

Don qu'à ce Belge seul Jupiter distribüe,
Mais qu'aux heureux aspects il faut qu'on attribüe
Plus qu'à toute industrie et tout scavoir humain.

Si que s'ilz reprenoynt cette mortelle fange,
FREMINET, TITIAN, RAPHAEL, MICHEL-ANGE (1)
Dresseroynt des autelz à sa divine main.

NOSTRADAME.

(1) Rappelons que Martin Freminet (né à Paris, le 23 septembre 1567, mort à Fontainebleau le 18 juin 1619) avait été déjà salué par Nostradamus, comme un de ses glorieux maitres. (Voir note 4 de la lettre I.) Il est probable que Nostradamus avait connu l'habile peintre de Henri IV à Rome, où ce dernier passa une quinzaine d'années. Ne nous étonnons pas trop de voir Freminet placé par la reconnaissance de son élève sur la même ligne que le Titien, le Sanzio et le sublime auteur du *Jugement dernier*. Le décorateur de la chapelle du château de Fontainebleau n'a-t-il pas été surnommé par ses contemporains le *Michel-Ange français*, et ne semble-t-il pas avoir emprunté à celui dont il avait tant étudié et admiré les œuvres, quelque chose de la vigoureuse beauté de son génie?

www.ingramcontent.com/pod-product-compliance
Ingram Content Group UK Ltd.
Pitfield, Milton Keynes, MK11 3LW, UK
UKHW031954260826
14628UKWH00005B/2049